ANNA RITA PODDESU

IL BUON MANGIARE

**La Bellezza Del Made in Italy:
Come La Qualità e La Sicurezza Alimentare
Contribuiscono Alla Tutela Del Consumatore e
Alla Competitività Delle Imprese**

Titolo

"IL BUON MANGIARE"

Autore

Anna Rita Poddesu

Editore

Bruno Editore

Sito internet

http://www.brunoeditore.it

Sommario

Prefazione
(a cura di Stefano Versace)

Quando sono venuto a vivere negli Stati Uniti occupandomi del food con la prima gelateria che aprii a Miami, l'aspetto più sorprendente fu vedere le facce estasiate dei miei clienti che provavano il mio gelato. Sì era buonissimo, ma pur sempre un gelato come ce ne sono tanti.

Stessa cosa la prima volta che cucinai due spaghetti alla chitarra con un filo d'olio, dell'aglio e dei pomodorini freschi tagliati a pezzettini con del basilico fresco a casa di mia cognata. La frase che mi restò impressa fu: ma come hai fatto a farli così buoni se non ci hai messo nulla?

Perché a noi italiani non serve mettere molti ingredienti. Abbiamo l'arte del saper creare capolavori con poco nel nostro DNA.

Una volta andai a casa di un'amica qui a Miami, arredata con eleganza e una volta entrato e visto le mattonelle le chiesi: "Queste te le ha istallate un piastrellista italiano, vero?". Lei sbigottita conferma e mi rispose: "Come lo sai?". Ed io: "Perché non ce n'è nemmeno una storta".

Italiano è sinonimo di qualità.

Esistono solo due "Made in" al mondo che vanno oltre al significato di "fatto in": Made in China e Made in Italy.
Il primo significa di scarsa qualità, imitazione, economico.
Il secondo significa FATTO BENE. Prodotto di qualità.

Ed è ora che questa etichetta che racchiude dentro una promessa di qualità venga difesa da tutti noi italiani.

Questo libro è una guida ben elaborata che ci aiuterà a valorizzare, difendere, promuovere e divulgare il vero "Made in Italy" con l'orgoglio che solo noi italiani sappiamo tirare fuori quando si parla della nostra Italia.

Ognuno di noi ha il dovere morale di difendere il Made in Italy per ripagare l'incredibile botta di culo di essere nati in questa terra baciata da Dio che tutto il mondo ci invidia.

Buona lettura.

Stefano Versace

Imprenditore Stefano Versace Gelato, Fondatore Progetto Rialzati Italia - Miide

Prefazione
(a cura di Giovanni Minnini)

È ormai un dato di fatto che la produzione alimentare destinata a sfamare oltre 7,5 miliardi di persone – a tanto ammonta più o meno la popolazione mondiale – è frutto di un abuso delle risorse a nostra disposizione ed è, quasi certamente, alla base della pandemia che ha colpito l'intero pianeta. L'impatto ambientale, lo sfruttamento intensivo dei suoli, le emissioni di gas dannosi frutto dell'allevamento massivo sono tutti prodotti dell'industria del cibo.

La pandemia ha portato una crisi globale senza precedenti: il Fondo monetario internazionale stima che nel 2020 sarà bruciato il 4,9% del PIL mondiale pari a circa 9 miliardi di dollari.

Per l'emergenza alimentare il Covid è stato un pauroso acceleratore, determinando anche situazioni emergenziali prima inesistenti. La filiera agroalimentare ha subito una pesante battuta d'arresto, nel nostro Paese sono stati necessari supporti immediati per zootecnica, agricoltura, pesca e l'intero export mondiale ha visto contrarre i suoi volumi in modo consistente. Per l'Italia, Paese trasformatore ed esportatore, questo impone un ripensamento della nostra capacità di essere produttori più autosufficienti, soprattutto per materie prime come grano, soia, carni, latte.

Il cibo è divenuto business: possiamo metterlo a riparo solo regolamentando il mercato per evitare speculazioni e contraffazioni.

In questo contesto l'attenzione del consumatore alla qualità degli alimenti, alla tracciabilità della filiera, alla produzione etica e sostenibile è andata crescendo progressivamente. Certo, si registra ancora una distanza tra una certa porzione di popolazione più facoltosa - per la quale questi elementi sono stati per molto tempo appannaggio quasi esclusivo - e la media dei consumatori, ma è una distanza che ci auguriamo possa progressivamente assottigliarsi, grazie alla più equa distribuzione della ricchezza e dunque alla crescente attenzione alla maggiore cura di sé e della propria salute. L'accesso ad un cibo sano, di qualità, prodotto in sicurezza e rispettando i lavoratori è uno degli elementi che, ancora oggi, determina l'appartenenza ad un determinato ceto sociale. Occorre infatti interrogarsi su chi ha la reale possibilità di potersi nutrire in modo sano ma anche sostenibile ed etico: il cibo è ancora indicatore di status sociale e culturale, soprattutto nei grandi centri urbani. Diverso è il caso delle piccole città e dei paesi della provincia, dove spesso le economie sono complementari e la produzione di qualità è maggiormente accessibile.

Il Made in Italy e la produzione di eccellenza del nostro Paese sono universalmente riconosciuti, ben oltre i confini nazionali, ed è sulla scorta di questo riconoscimento che questa riflessione si pone l'obiettivo di tracciare un cammino.

L'Italia può vantare una produzione agroalimentare di eccellenza, fatta di materie prime di qualità, di processi di produzione spesso certificati da rigidi disciplinari – basti pensare al parmigiano reggiano –, di etichettature rigorose e trasparenti attraverso le quali è possibile avere informazioni precise su cosa mangiamo e da dove viene. Ma esistono anche molte insidie: un prodotto Made in Italy rimane tale se si considerano tutte le fasi della sua lavorazione? È possibile etichettare come Made in Italy una pasta prodotta con grano ucraino o una passata di pomodoro cinese, solo perché lavorate a Gragnano o Salerno? Io credo di sì ma la nostra eccellenza va tutelata a partire dalla provenienza delle materie prime che devono essere all'altezza della qualità italiana e che devono contribuire, in modo inequivocabile, a che quel prodotto possa essere identificato come Made in Italy. Per questo motivo, "l'etichetta narrante" garantirebbe al consumatore la conoscenza di tutte le fasi di lavorazione del prodotto e la diversa provenienza delle materie prime.

Ed ancora, occorre una politica nazionale capace di far fronte alle pressanti richieste del mercato globale e della apertura al commercio internazionale, che vorrebbe una legislazione maggiormente a larghe maglie rispetto a quanto previsto nel nostro Paese in tema di tracciabilità, produzione di qualità, etichettature ed indicazione geografica. C'è poi da considerare l'elemento per così dire umano, il fattore lavoro, il cui valore è nascosto all'interno di un prodotto e ne determina il costo, con meccanismi purtroppo distorsivi. Ogni volta che acquistiamo un prodotto ad un costo oggettivamente basso rispetto a quanto mediamente lo pagheremmo chiediamoci quanti lavoratori siano stati sfruttati e sottopagati affinché quel prodotto potesse arrivare a costare la metà rispetto ad un suo pari.

Tanti sono i temi ed i problemi connessi al cibo, al buon mangiare, alla tutela delle nostre produzioni di eccellenza: occorre prenderne sempre più consapevolezza e farli propri, affinché si possano trovare soluzioni condivise a tutela del Made in Italy e dei suoi consumatori, ed in questa ardua sfida il libro di Anna Rita Poddesu è certamente un'utile bussola per orientarsi verso scelte giuste e consapevoli.

Buona lettura

Giovanni Mininni

Segretario Generale Nazionale FLAI (Federazione Lavoratori AgroIndrustria) CGIL

Introduzione

Lavoro da oltre 30 anni per un'importante organizzazione sindacale di tutela dei lavoratori, per la quale, in diversi ruoli, mi sono sempre occupata del settore agroalimentare.

In seguito a un impegno professionale iniziato da apprendista e arrivato al massimo livello da dirigente regionale, la conquista di due lauree, in Scienze Politiche e in Psicologia e attraverso un percorso di formazione continua, è nato in me il desiderio di scrivere un libro. Bellissima idea, sostenuta da un grande entusiasmo e tante visioni, ma su quale argomento scriverlo?

Ho pensato veramente a tanti temi. Ho deciso poi di scrivere il mio libro partendo dalle conoscenze acquisite nella mia esperienza professionale e ragionare perciò sulle opportunità e potenzialità del comparto agroalimentare: ciò che mangiamo, ciò di cui ci nutriamo, soddisfano un bisogno primario con il quale tuteliamo e in parte salvaguardiamo la nostra salute. Pertanto, la produzione agroalimentare di qualità è un tutt'uno con la tutela dell'ambiente e favorisce il miglioramento della qualità della vita per noi e per le generazioni future. Il comparto agroalimentare rappresenta una componente fondamentale del Made in Italy.

Già nel 1954, Abraham Maslow con la "Teoria della piramide dei bisogni", propose un modello motivazionale sullo sviluppo umano in base al quale la soddisfazione dei bisogni più elementari rappresenta la condizione necessaria per far emergere e soddisfare i bisogni di ordine superiore.

Alla base della piramide si trovano i bisogni essenziali alla sopravvivenza e primari per la persona, come il mangiare e il respirare, e salendo verso il vertice della piramide si trovano, in ordine d'importanza, i bisogni più immateriali, come il bisogno di sicurezza, di appartenenza, di stima, di autorealizzazione.

Da allora sono passati tanti anni e forse per alcuni la scala dei bisogni può apparire obsoleta, ma io penso, invece, che sia sempre una pietra miliare dell'evoluzione della persona e della costruzione della società, oggi più che mai. Anzi, penso faremmo bene a tenerla in maggiore considerazione nel riflettere sul particolare momento che stiamo vivendo.

Il tema del cibo e del nutrire la popolazione mondiale sta diventando di giorno in giorno sempre più importante e attorno a questo tema si confronta e si scontra il potere economico degli stati e si determinano gli equilibri del mondo.

Ma il tema non è certamente nuovo. Già nel 1862, Ludwig Feuerbach sosteneva che "L'uomo è ciò che mangia", insistendo sulla necessità di risolvere i problemi relativi alla fame, poiché "la fame e la sete abbattono non solo il vigore fisico ma anche quello spirituale e morale dell'uomo, lo privano della sua umanità, della sua intelligenza e della sua conoscenza".

Oltre che di una estrema attualità, il pensiero del filosofo è di enorme importanza, perché, partendo dall'idea che noi "siamo ciò che mangiamo", se si vogliono migliorare le condizioni spirituali e sociali di un popolo bisogna innanzitutto e imprescindibilmente migliorarne le condizioni materiali.

A tal proposito riporto un'altra importante e quasi emozionante citazione del filosofo: "[…] la teoria degli alimenti è di grande importanza etica e politica. I cibi si trasformano in sangue, il sangue in cuore e cervello, in materia di pensieri e sentimenti.

Perciò l'alimento umano è il fondamento della cultura e del sentimento: se volete far migliorare un popolo, in luogo di declamazioni contro il peccato, dategli una alimentazione migliore. L'uomo è ciò che mangia".

In ogni caso, nutrirsi non equivale soltanto a soddisfare un bisogno fondamentale, ma è forse qualcosa di più, che asseconda il gusto e il piacere, ponendo, però, sempre attenzione a favorire una alimentazione sana, equilibrata e di sicura provenienza.

Argomento molto importante per la vita personale e sociale dell'uomo, dato che, anche secondo l'arte del *cum vivere,* il buon mangiare – che non significa mangiare tanto ma essere curiosi esploratori del cibo – è espressione di un piacere da condividere, di una cultura, di una tradizione popolare tipica in Italia, riconosciuta e apprezzata in tutto il mondo.

In questo senso, l'immagine del nostro Paese risulta fortemente "ancorata" alla prestigiosa immagine del Made in Italy e in particolare alle eccellenze della gastronomia e delle produzioni agroalimentari, ancor prima che alle città d'arte, all'alta moda, alla grande musica, e anche rispetto a tangentopoli e agli scandali.

Questo riconoscimento l'Italia lo deve ad una immagine e uno stile italiano dai tratti ben distinguibili dal resto del mondo. Si tratta di uno stile basato sul buon gusto, sulla bellezza e ricercatezza, e sull'attenzione alla qualità intrinseca.

Tutti elementi che, andando oltre la pubblicità e il richiamo ai marchi di prestigio, garantiscono qualità, dalla ricerca della materia prima alla produzione, spesso artigianale, con grandi capacità manifatturiere e specificità locali che attribuiscono alle produzioni e al piacere del "sedersi a tavola" grande importanza, quasi sacralità e orgoglio.

Un segnale di attenzione verso sé stessi, la famiglia, gli amici o i rapporti di lavoro, come qualcosa che consente di riunire forze ed energie intorno alla condivisione del buon mangiare, in un progetto comune che spezza l'individualismo e consente di costruire convivialità e superare i ritmi imposti dai processi produttivi. Spesso le migliori decisioni si prendono a tavola, di fronte ad un piatto di spaghetti e un buon bicchiere di vino superando formalismi e contraddizioni.

Perciò il successo della cucina italiana non è dovuto solo all'idea di alimentazione sana che ruota attorno alla dieta mediterranea – nominata patrimonio immateriale dell'Unesco – ma è anche connesso al buon gusto, alla ricercatezza, all'attenzione alla salubrità, alla qualità e alla sicurezza alimentare, e al piacere di condividere la cultura e le tradizioni regionali con convivialità. Per questo motivo, anche all'estero, i prodotti italiani e i ristoranti italiani sono scelti sulla base della qualità e della sicurezza riconosciutagli.

In questo senso svolge un ruolo straordinario l'intuizione di Carlo Petrini, uno dei tanti italiani famosi nel mondo, che ha fondato nel 1986 Slow Food, una associazione no profit che ha ricevuto ben presto l'adesione di oltre 70 paesi sparsi nel mondo. I presidi slow food diffondono il giusto valore del cibo e la consapevolezza emozionale del buon mangiare, tutelano la cultura e il diritto al buon cibo attraverso produzioni di filiera sostenibili che valorizzino qualità, provenienza, biodiversità. Anche attraverso questa modalità l'Italia si fa promotrice nel mondo della cultura del buon mangiare sano e sicuro, senza nessuna forma di contraffazione.

Devo dire che provenendo da una terra che indica l'arte del mangiare sano come prima componente della longevità e essendo questa definita "la terra dei centenari", personalmente non posso che condividere, confermare, onorare e perpetuare questa tradizione.

Considerando che il buon mangiare non è solo piacere e socialità ma un bisogno primario della persona, il comparto agroalimentare detiene una quota rilevante del PIL, circa l'11,3%, e rappresenta la seconda industria manifatturiera in Italia. Sì, perché quel cibo che noi portiamo quotidianamente sulle nostre tavole è la rappresentazione concreta di una catena di produzione chiamata catena del valore, caratterizzata da molteplici aspetti: il lavoro di tante persone, a partire dalla raccolta nei campi e dalla trasformazione del prodotto nelle aziende, il sistema organizzativo delle imprese e l'indotto che il comparto agroalimentare crea nella produzione, diffusione e trasporto capillare dei prodotti.

È un comparto considerato il calmiere dell'economia perché anticiclico, dato che anche nel caso in cui calino i consumi di tutti gli altri settori quello agroalimentare rimane costante e con ampi margini di crescita.

Un settore strategico che non sempre riceve la giusta valorizzazione perché nel nostro paese, prima che altrove, non è centrale un'opportuna attenzione al consumo delle produzioni di qualità, in quanto la normativa di tutela non protegge completamente le eccellenze del Made in Italy, e la globalizzazione dei mercati rende ancor più difficile distinguere e differenziare i prodotti.

Inoltre, la diffusione della concorrenza sleale attraverso il fenomeno della contraffazione e delle imitazioni alterano il mercato e la qualità del Made in Italy. Accade anche, che, nella grande distribuzione, con la concorrenza tra imprese e i private label, si sia aperta la strada a produzioni indifferenziate a basso costo, in cui il consumatore, spesso con una capacità d'acquisto limitata e, vittima di un bombardamento mediatico delle offerte, indirizza le sue scelte sul prezzo più conveniente, acquistando e consumando prodotto di scarsa qualità, magari provenienti da paesi esteri, dove la legislazione sulla sicurezza e sulla qualità è molto più flessibile rispetto alla nostra.

Tutto questo produce un costo opportunità negativo per il consumatore che non spendendo bene le sue risorse perde l'opportunità di godere di buon cibo, sano e sicuro.

Ma la perdita è altrettanto grave per il sistema economico in quanto i bassi costi praticati dalla concorrenza e dalla grande distribuzione si scaricano sulle aziende, in parte già strutturalmente deboli, che poi scaricano a loro volta sul costo del lavoro e sui lavoratori, impoverendoli, senza pensare che per ciascun lavoratore che non è più nella condizione di soddisfare i propri bisogni, il sistema economico perde un pezzo di domanda e quindi un pezzo di produzione: tutto ciò comporta il calo dell' occupazione, generando così un'involuzione del circuito economico.

E allora perché non riflettere su tutto questo? Partendo, con un approccio preventivo, assolutamente olistico e multifunzionale, dalla tutela concreta del consumatore e dalla corretta informazione su ciò che acquista e porta a tavola. È importante, inoltre, porre attenzione e favorire un'educazione alimentare sul cibo che consumiamo con arte e piacere del mangiare, scegliendo cibi di qualità, di sicura provenienza, con le dovute certificazioni sulla tracciabilità e rintracciabilità, e con l'etichetta Made in Italy che ne rappresenta la garanzia.

Il piacere di mangiare bene può rimettere in moto il circuito economico! Questo rappresenta
 un processo straordinario che può dare un forte impulso al comparto agroalimentare e alla nostra economia.

Aumentando la domanda dei prodotti Made in Italy le nostre aziende etiche produrranno di più, saranno più solide e competitive, potranno internazionalizzarsi e occupare più lavoratori, e di conseguenza più persone avranno un reddito da spendere per soddisfare i loro bisogni e quelli della loro famiglia. Tutto questo potrà avvenire solo se i consumatori impareranno l'arte del "buon mangiare", scegliendo cibi di qualità certificata Made in Italy, seguendo l'eccellenza riconosciuta, e altrettanto imitata, nel mondo. Solo così i consumatori potranno godere degli eccellenti prodotti alimentari, dal pane alla pasta, dalle carni al latte e ai formaggi, dai vini e bevande ai liquori e ai dolci prodotti su tutto il territorio nazionale, con delle specificità di gusto, colori, profumi, sapori ed emozioni differenti per regione.

Il territorio, infatti, a seconda della sua conformazione, conferisce alle materie prime specifiche caratteristiche, così come la conformazione orografica consente la diversificazione delle tipologie dei pascoli, conferendo differenti gusti e profumi al latte e alle carni e quindi ai formaggi e ai salumi. Anche il clima e la vicinanza al mare donano colori e sapori differenti alla frutta e agli ortaggi, ai vini e alle confetture.

Il cibo diventa così un elemento di identità, creando un profondo legame tra le persone, la cultura e le tradizioni territoriali, i gusti, i sapori e i profumi ad esso associati costituiscono l'essenza della persona. In questo senso, il cibo rappresenta anche un elemento di riappropriazione identitaria nel momento in cui questa venga a mancare, e al contempo si pone anche come un mezzo di scambio culturale, la prima forma di contatto tra due diverse civiltà, due individui o due gruppi sociali diversi, in cui però si presuppone fiducia e stima reciproca.

A tal proposito, nel 2008, il Senato della Repubblica ha sottolineato che "l'alimentazione rappresenta un terreno d'incontro, di dialogo, di scambio e di sviluppo determinante per l'importanza culturale ed economica che riveste in ogni singola regione del mondo e nel percorso storico dell'alimentazione mondiale". E allora, insieme facciamo un bel brindisi a questo viaggio nel buon gusto e nel valore del "buon mangiare" del Made in Italy nel mondo.

Capitolo 1:

Come conoscere l'eccellenza del Made in Italy

"Nulla sarebbe più faticoso che mangiare se Dio oltre che una necessità, non ne avesse fatto un piacere"

(Voltaire)

1.1   Il Made in Italy

Nonostante la situazione di forte crisi in cui naviga l'economia mondiale in questi anni, l'Italia dimostra una buona capacità di tenuta e di soddisfazione nelle crescenti richieste della domanda estera. Questo, soprattutto, grazie alla capacità di attrazione del prestigioso marchio Made in Italy 100%, riconosciuto nel mondo come sinonimo di eccellenza, prestigio e bellezza – così come sancito dalla Legge 166/2009 – la cui valorizzazione può rappresentare la giusta strada da percorrere per affrontare e cogliere in maniera positiva le opportunità della globalizzazione, piuttosto che subirne i contraccolpi.

Quando si parla di Made in Italy non ci riferiamo solo agli stilisti, ai designer e ai nuovi imprenditori che grazie al loro *savoir-faire* si sono riscattati dalla negatività della guerra mondiale, ma, in generale, a un prodotto nato dalla correlazione antichissima tra arte, cultura e attività manifatturiera del territorio italiano.

Il segreto del suo successo va cercato nella tradizione, nei valori e nel know how tramandati di generazione in generazione, che caratterizzano le imprese e i distretti industriali radicati nel nostro paese e influenzati dalla sua storia.

Proprio l'organizzazione e la specializzazione maturata nei vari distretti industriali definiti come entità socio territoriali, caratterizzati dalla compresenza attiva di una comunità di persone e di imprese, rappresenta il punto di partenza per l'analisi del Made in Italy e la chiave per capire come i vari "saper fare" si siano sedimentati in maniera distinta ma precisa nelle varie aree del nostro paese, costruendo gli insediamenti produttivi su cui si basa l'economia italiana.

Il distretto italiano si è differenziato dal resto del mondo per la sua indiscussa attitudine ad accumulare conoscenza in un'area territoriale circoscritta e di generare innovazioni radicali e progressive, alimentandosi attraverso la condivisione di idee, valori e saperi. Questo scambio di sapienza e conoscenza, che si genera e si autorigenera creando un prodotto di alto valore aggiunto, ha dato vita ad un progetto sociale di sostegno reciproco tra comunità locali e piccole e medie imprese. Seppur con le varie differenziazioni e specificità geografiche regionali, tale scambio ha prodotto in Italia un patrimonio culturale e sociale unico in tutto il mondo, che può, e deve, rivelarsi un'opportunità economica imperdibile.

Negli anni '90 con l'espansione economica, il Made in Italy registra il momento di maggior successo, poiché la comunità globale inizia a riconoscerlo come un marchio che non si riferisce solo alla provenienza dei prodotti, ma che costituisce una garanzia di qualità, perfezione e valore aggiunto, e diviene sinonimo di "fatto bene".

Inizialmente, il Made in Italy ha avuto una spinta maggiore nel settore dell'agroalimentare, perché ritenuto una garanzia di naturalità, salubrità e affidabilità, grazie anche ai costanti controlli sulla sicurezza alimentare, necessari per ottenere le certificazioni di qualità che l'Italia vanta, di gran lunga superiore a tutti gli altri Stati. Al Made in Italy Agroalimentare si uniscono quello dell'Abbigliamento, grazie a grandi stilisti affermati in tutto il mondo, da Valentino a Gucci, da Armani a Versace, da Moschino a Prada e altri, e quello Automobilistico, grazie al prestigioso marchio Ferrari e Lamborghini, e quello dell'Arte, co Michelangelo, Leonardo e tanti altri grandi artisti che dal Rinascimento in poi rendono l'Italia famosa nel mondo anche per il suo eccezionale patrimonio artistico e culturale.

Così, il Made in Italy è riconosciuto nella percezione collettiva tramite i punti di forza del nostro Paese, che trovano quindi una sintetizzazione nella formula delle "**4 A**": settore Agroalimentare, Abbigliamento-moda, Arte-Arredo, Automazione-meccanica.

In generale questi sono stati definiti come settori tradizionali innovativi per aver avuto la capacità di adattarsi ai continui cambiamenti dello scenario economico internazionale, grazie al costante connubio tra innovazione e qualità, tra patrimonio culturale e conoscenze tecniche, caratteristiche fondamentali del Made in Italy, in un contesto segnato da continue sfide proposte dalla globalizzazione.

Certamente, tutto ciò richiede un costante impegno nella ricerca e nella capacità di rinnovamento, per realizzare un prodotto unico e mantenerne vivo il prestigio, simbolo di uno stile di vita corretto e raffinato. Le capacità italiane del "saper fare" e i suoi ingredienti del successo, come buongusto, personalizzazione e cultura, hanno permesso al prodotto italiano di essere apprezzato dal consumatore per ergonomia e bellezza senza pari.

Da alcuni anni, però, il Made in Italy sta affrontando un contesto esterno globalizzato che minaccia la valorizzazione del suo grande patrimonio, perciò, è di importanza strategica promuoverne il suo giusto valore, la sua specificità e la sua competitività sulla qualità.

L'operato di alcuni attori in campo mette in evidenza e permette di individuare i principali sfidanti sui livelli di produzione manifatturiera globale, indifferenziata e competitiva sul prezzo, che ha causato la perdita di terreno del nostro paese e la sua discesa al settimo posto: Stati Uniti, Giappone, Germania occupano le prime posizioni.

È interessante considerare che i 5 paesi che compongono il BRICS (Brasile, Russia, India, Cina, Sudaficra) che da sempre hanno rappresentato un'ottima opportunità per il dislocamento della produzione, sta diventando ora una seria e sempre più grande minaccia. È importante rilevare, anche, come negli Stati Uniti si sia sviluppata un'economia globalizzata dove le imprese sono sempre meno connesse al loro territorio di origine, in seguito al fatto che le nuove tecnologie e le nuove forme di comunicazione e di trasporto permettono di scambiare ordini, informazioni e far avvenire transazioni commerciali nel minor tempo possibile in tutto il mondo.

Il Made in Italy vede, così, uno scenario in cui operatori economici nazionali vengono danneggiati sia dall'importazione di prodotti a minor costo di cui non si conosce l'effettiva provenienza, sia dalla commercializzazione a livello globale di prodotti che adottano illegalmente il marchio Made in Italy, per incrementare i propri livelli di vendita e trarre profitto dal suo prestigio. Perciò, è necessario individuare al più presto una strategia efficace per poter competere nel nuovo contesto delineato dalla crescita incontrollata dei paesi emergenti, principalmente quelli asiatici.

Il futuro dell'industria italiana è legato di conseguenza all'impegno delle imprese, delle istituzioni e del governo nell'individuare le misure per consolidare e rafforzare il nostro posizionamento in termini commerciali e legislativi, tramite strumenti in grado di evitare la diffusione di prodotti che illegittimamente utilizzano il marchio italiano, per il bene degli imprenditori e della economia italiana e soprattutto per la corretta informazione e protezione dei consumatori.

1.2 Il Made in Italy agroalimentare.

Il Made in Italy agroalimentare si identifica con beni tipici della dieta mediterranea che hanno un'ampia riconoscibilità all'estero. La qualità e la salubrità delle sue produzioni sono apprezzate in tutto il mondo, anche grazie alla popolarità della dieta mediterranea che nel 2010 è stata riconosciuta dall'UNESCO come Patrimonio Culturale Immateriale dell'Umanità.

La dieta mediterranea è un modello nutrizionale diffuso in alcuni paesi che si affacciano sul bacino del Mar Mediterraneo, tra cui l'Italia, la Grecia e la Spagna, dove è particolarmente diffusa la coltivazione dell'ulivo. Si basa sul consumo degli alimenti provenienti da quest'area, come cereali, frutta, verdura e l'olio d'oliva, a cui si aggiunge un moderato consumo di pesce, carne bianca, uova, latticini, vino e dolci, e un più raro uso di carni rosse e grassi animali.

La cultura della dieta mediterranea prevede una serie di conoscenze, rituali, simboli e tradizioni concernenti la coltivazione, la raccolta e la conservazione delle produzioni, oltre che una particolare cura per la pesca e l'allevamento degli animali, e una grande attenzione alla condivisione, all'ospitalità e al consumo del cibo in comunità.

Da questo modello nasce la piramide della dieta mediterranea che è indice di una alimentazione sana ed equilibrata: dati confermati da numerosi studi che hanno constatato gli effetti positivi sull'incidenza delle malattie cardiovascolari, alcune tipologie di tumori, sul diabete, obesità e aspettativa di vita.

È una dieta proveniente dalle popolazioni rurali, povera e frugale, con un basso indice di grassi saturi, sinonimo di salubrità e sicurezza alimentare, le cui virtù hanno indotto l'UNESCO a riconoscere ai paesi del bacino del Mediterraneo il marchio della

Dieta Mediterranea. Intrisa di valori, identità e continuità culturale che viene da lontano, nelle immagini della storia dei popoli, tale dieta è accompagnata dal comportamento diffuso del mangiare insieme che enfatizza la rilevanza della famiglia, dell'amicizia, del gruppo e della comunità. A questo si accompagnano i valori dell'ospitalità, dei rapporti di vicinato, della creatività, del dialogo interculturale e del rispetto della diversità.

L'UNESCO ha definito tutto questo come patrimonio immateriale dell'umanità indicando indiscutibilmente l'Italia come Paese, che, identificandosi in questi valori ha dato vita a "l'arte del cum vivere", che caratterizza il nostro Made in Italy e che deve rappresentare un profondo orgoglio nazionale.

Un elemento che viene implicitamente richiamato dal concetto di Made in Italy è quello di manufatto, frutto della capacità del saper fare, cioè del prodotto trasformato attraverso un processo artigianale o tecnologico, rispetto al quale l'Italia mostra un importante know how, cioè una capacità e un livello di skills legati alla propria tradizione e alla specializzazione del lavoro.

L'Italia si caratterizza per un tessuto produttivo che vede la presenza di poche imprese di grandi dimensioni e moltissime piccole e medie imprese, dove molto spesso l'abilità del saper fare e la qualità compensano la scarsa capacità organizzativa e commerciale. Questo modello produttivo ha similitudini anche nel comparto agroalimentare, che, soprattutto nell'industria di trasformazione, utilizza materie prima prodotte dall'agricoltura nazionale, la cui produzione di frutta e ortaggi freschi costituisce il primo tassello della filiera.

Forse non ci sono parole migliori di quelle di Jean Brunhes per descrivere il grande patrimonio che l'Italia possiede: "Mangiare è incorporare un territorio", e di ciò dobbiamo essere tutti consapevoli e orgogliosi.

1.3 Il patrimonio del Made in Italy agroalimentare nei mercati

Il patrimonio agroalimentare italiano costituisce uno dei punti di forza del nostro Paese, i cui prodotti grazie alle loro caratteristiche di qualità, tipicità e specificità, raggiungono i più svariati mercati internazionali, registrando un ottimo successo commerciale.

I prodotti che raggiungono i mercati internazionali sono altamente competitivi in termini di qualità: il rapporto PIQ, Prodotto interno Qualità, misura il livello qualitativo delle produzioni italiane e rapporta al PIL il valore delle produzioni di qualità dal punto di vista della competitività nei mercati e il loro posizionamento, l'innovazione tecnologica e sociale, la valorizzazione delle risorse umane e culturali, l'ambiente e il territorio.

Il successo delle produzioni agroalimentari Made in Italy deriva dall'affidabilità e dalla sicurezza alimentare riconosciuta, grazie ai numerosi controlli effettuati. La garanzia di qualità, tracciabilità e rintracciabilità delle produzioni è data dalla scelta degli alimenti, che è divenuta, per la salute del consumatore, un'esigenza sempre più importante, unita alla selettività, alla sicurezza alimentare e alle verifiche sull'origine del prodotto.

A seguito della pandemia questo bisogno sarà sempre più accentuato.

Da queste caratteristiche nasce il Made in Italy alimentare, il segmento delle specialità alimentari in cui si identificano i valori che caratterizzano l'Italia, la sua cultura e tradizione culinaria.

Compongono il Made in Italy tanti prodotti che presentano uno stretto legame con il territorio, a forte tipicità, per il quale l'Italia può godere di vantaggi legati all'ambiente, ai sistemi produttivi, alla cultura del buon cibo, come stato di benessere, grazie alla presenza di molteplici prodotti e preparazioni regionali tipiche che caratterizzano la cucina italiana apprezzata in tutto il mondo. Questo inestimabile patrimonio, da salvaguardare e valorizzare, orgoglio del Belpaese, si caratterizza per:

- I PAT, prodotti agroalimentari tradizionali, riconosciuti, con il Decreto Ministeriale 350/1999, come prodotti particolarmente tradizionali legati a una regione o un territorio e alla sua storia, le cui metodiche di lavorazione, conservazione, stagionatura sono basate su regole di produzione tradizionali, consolidate nel tempo e per un periodo non inferiore a 25 anni nel luogo di appartenenza.

I PAT sono quei prodotti di nicchia particolarmente radicati nel territorio ed espressione dello stesso – molto simili ai De.Co., prodotti di denominazione comunale – che rappresentano anche piccolissime realtà, frutto della cultura e della tradizione contadina che li rendono uniche. I PAT sono legati in particolar modo ai borghi e ai piccoli produttori artigianali, che simboleggiano la realtà dell'Italia da scoprire e vivere, nelle osterie, nelle sagre, o tramite gli stessi produttori che propongono i loro prodotti, che raccontano del passato o di un sapore che appartiene ai ricordi.

I PAT rappresentano un riconoscimento tutto italiano che appartiene al nostro Made in Italy, al nostro patrimonio culturale, che rispecchiano nuove esigenze e tendenze da parte dei consumatori e dei piccoli produttori, che attraverso queste produzioni possono trarre opportunità di crescita pur mantenendo la specificità delle loro produzioni.

Risultano censite circa 5.155 tipologie di PAT che riguardano svariati prodotti alimentari, suddivisi per regione. Ciò mette in evidenza la specificità delle produzioni legate alla cultura e alla tradizione del locale, anche attraverso la differenziazione dello stesso prodotto o pietanza con caratteristiche legate al luogo di appartenenza.

- I prodotti tipici di qualità protetti da certificazioni europee, in particolare i prodotti a denominazione, o indicazione di origine protetta (DOP, IGP), i prodotti con attestazione di specificità (STG), i vini a indicazione geografica tipica (Igt), a denominazione di origine controllata (Doc) e controllata e garantita (Docg).

L'Italia è leader nel numero di attestazioni riconosciute dall'Unione Europea: vanta 307 certificazioni Dop, Igp, Stg e 527 certificazioni Doc, Docg, Igt relative ai vini. Tra i prodotti che rientrano in queste categorie, alcuni più di altri, godono di fama e vengono riconosciuti, apprezzati e richiesti dai consumatori esteri, che li considerano simboli dell'Italia.

Queste specialità identificate con l'accezione Made in Italy alimentare, vengono definite come "quell'insieme di prodotti/comparti ai quali viene riconosciuta una forte tipicità, dato lo stretto legame con il territorio, le sue caratteristiche climatiche e culturali" che caratterizzano la cucina italiana e le produzioni agroalimentari.

- L'agricoltura biologica, per cui l'Italia, con oltre 60 mila aziende nel settore, ha un ruolo di leadership, è un metodo di produzione sostenibile legato alla coltivazione di vegetali e all'allevamento di animali che ammette solo l'impiego di sostanze naturali, presenti cioè in natura, escludendo l'utilizzo di sostanze di sintesi chimica come concimi, diserbanti e insetticidi, tutti dannosi per la salute dei consumatori come previsto dalla specifica e stringente normativa.

La produzione biologica si basa sul divieto di OGM, salvo lo 0,1%, e dell'uso di radiazioni ionizzanti per il trattamento di alimenti e mangimi, imponendo all'azienda agricola l'esclusività della coltura. Tutto ciò al fine di assicurare la totale salubrità e sicurezza dei prodotti con certificazione biologica, che rappresenta una filiera di grande importanza per la tutela del consumatore.

- L'Italia è anche leader nella biodiversità, con oltre 40 mila aziende agricole impegnate nel custodire semi e piante a rischio di estinzione, e detiene il primato della sicurezza alimentare mondiale con il minor numero di prodotti contenenti residui chimici irregolari. Il primato è confermato dai dati relativi a 504 varietà italiane iscritte al registro viti contro le 278 della Francia e 533 varietà di olive per l'Italia contro le 70 per la Spagna, paesi ritenuti massimi produttori.

Il Made in Italy agroalimentare che rappresenta davvero un patrimonio inestimabile, comprende perciò prodotti "di marca", prodotti tradizionali e prodotti di origine e qualità certificata, tutte categorie che rivestono maggior importanza in virtù dell'elevata distintività di cui godono anche nei mercati internazionali, grazie al loro accentuato carattere di tipicità.

L'ISMEA ha individuato i prodotti e i comparti che rientrano in questa definizione attraverso l'analisi delle performance di scambio con l'estero dell'intero settore agroalimentare sulla base di alcuni criteri come la selezione dei prodotti e comparti export-oriented e la rilevanza dell'export.

Le produzioni del Made in Italy alimentare rappresentano un punto di forza delle esportazioni, grazie al prestigio e all'elevata qualità, sia intrinseca, per le caratteristiche organolettiche delle materie prime utilizzate e la metodologia produttiva, sia per quel che riguarda gli aspetti immateriali, quali marca, marchio collettivo, origine territoriale.

I prodotti e comparti che compongono il Made in Italy alimentare risultano essere, in ordine di decrescente importanza, vino, frutta fresca, pasta, olio di oliva, formaggi, legumi e ortaggi inscatolati, prodotti di panetteria e biscotteria, dolciari, salumi e insaccati, succhi di frutta, ortaggi e riso. La capacità di soddisfare le aspettative e le esigenze dei consumatori verso i quali la qualità si indirizza, si affianca al prezzo quale criterio fondamentale di scelta.

La qualità dei prodotti è definita dalle norme ISO come "l'insieme delle proprietà e delle caratteristiche di un prodotto o di un servizio che conferiscono ad esso la capacità di soddisfare le esigenze espresse o implicite di una potenziale utenza". È evidente quanto la qualità del Made in Italy alimentare sia percepita e riconosciuta sia dai consumatori italiani, quanto dai mercati internazionali.

L'accresciuta importanza attribuita agli elementi immateriali pone l'accento sul fattore territoriale e sul valore della specificità, attribuendo successo e un peso sempre maggiore, nelle esportazioni, all'identificazione geografica del prodotto.

Aspetto legato al territorio di provenienza, ma anche al processo di trasformazione e a un know how che deriva da una tradizione consolidata. L'ampiezza e le caratteristiche del Made in Italy dipendono dal luogo in cui viene individuato il livello di trasformazione e il grado di dipendenza dalla materia prima locale o non locale.

Una definizione del Made in Italy agroalimentare prende in considerazione le denominazioni di origine e le indicazioni geografiche protette. In tal modo, la componente territoriale e la localizzazione geografica sarebbero decisamente valorizzate e avrebbero la meglio sulle altre, delimitando fortemente la definizione di Made in Italy agroalimentare ma agganciandola ad un parametro normativo. Tuttavia, questa definizione sarebbe senz'altro restrittiva, escludendo tante realtà commercialmente importanti e fortemente connotate come italiane.

Una più recente classificazione tiene conto di tutti i gradi di trasformazione dei beni e prende in considerazione prodotti riconoscibili che abbiano il saldo commerciale positivo per almeno tre anni consecutivi.

Le voci vengono poi distinte in tre diverse categorie:

- il Made in Italy agricolo, che, comprende riso, frutta fresca, ortaggi freschi e prodotti del vivaismo;

- il Made in Italy trasformato, che, comprende il vino confezionato e sfuso, pomodoro trasformato, formaggi, salumi, succhi di frutta, ortaggi e frutta preparati, olio di oliva, aceto, olii essenziali e acque minerali;

- il Made in Italy dell'industria alimentare che comprende caffè, prodotti da forno, prodotti dolciari a base di cacao, acquaviti, liquori e gelati.

I tre gruppi sono poi distinti a seconda del livello e grado di lavorazione e trasformazione. I primi sono prodotti agricoli tali e quali, vengono solo raccolti e confezionati, mentre nei secondi e nei terzi, pur essendo sempre la materia prima cruciale e fondamentale nella caratterizzazione del prodotto finale, il know how e le tecnologie assumono un ruolo crescente, maggiore nel terzo gruppo rispetto al secondo.

Il Made in Italy agroalimentare gioca un ruolo fondamentale nell'economia del nostro paese, costituendo il 18,5% della spesa totale delle famiglie. Nel 2019 il comparto ha raggiunto con una cifra di 187 miliardi di euro l'11,3% del PIL e le esportazioni hanno segnato un balzo record del 4%, rappresentato dal 66% dell'export complessivo, perciò superiore a tutti gli altri comparti.

Questo patrimonio è prodotto da 57 mila imprese alimentari con 395.000 lavoratori e 413.000 aziende agricole che costituiscono un tessuto produttivo molto frammentato con 1.125.000 addetti. All'interno di questo aggregato i prodotti maggiormente esportati sono stati quelli del segmento dei vini e degli spumanti, che in termini di peso occupano il 22,6% del totale, poi quelli del segmento della frutta fresca e secca, le preparazioni degli ortaggi, legumi, frutta, pasta e prodotti dell'aggregato formaggi e latticini.

È necessario rafforzare la promozione all'estero dei prodotti nazionali alimentari di qualità, in quanto, dopo gli ottimi risultati conseguiti nel 2010, l'incremento è proseguito in maniera progressiva, anche se lenta, perché penalizzato dalla crisi dei consumi registrata all'interno dell'Unione Europea e in parte dal fenomeno dell'Italian Sounding.

Inoltre, in questi ultimi anni anche il Made in Italy deve fare i conti con il fenomeno dei cambiamenti climatici, che naturali o per mano dell'uomo, determinano uno sconvolgimento dei cicli produttivi naturali, con la pesante conseguenza della riduzione o modifica delle produzioni.

In ogni caso, il prestigio del Made in Italy nel confronto internazionale segnala che l'Italia, con un valore delle esportazioni pari a 44,6 miliardi, nel 2019 si trova un passo indietro rispetto ai principali competitor, collocandosi dopo Spagna e Germania. Il nostro Paese deve assolutamente impegnarsi per rafforzare la sua competitività internazionale attraverso la valorizzazione dell'inestimabile patrimonio del Made in Italy.

CAPITOLO 1: ESTRATTO IN PILLOLE

- PILLOLA n. 1. L'Italia da circa dieci anni registra un trend positivo nelle esportazioni grazie alla capacità di attrazione del Made in Italy sinonimo di eccellenza, prestigio e bellezza, che deriva dal "saper fare", attraverso un processo artigianale e una cultura tramandata, simbolo di qualità e del "fatto bene".

- PILLOLA n. 2. Il comparto agroalimentare è considerato una delle "4A" che compongono l'eccellenza del Made in Italy, riconosciuto e apprezzato in tutto il mondo anche per le sue caratteristiche di qualità, salubrità e sicurezza alimentare.

- PILLOLA n. 3. La dieta mediterranea riconosciuta patrimonio immateriale dell'UNESCO è racchiusa pienamente nei valori del marchio di qualità Made in Italy. L'arte del "cum vivere" ne è la pura espressione e rappresentazione, come stile di vita tipico degli italiani, godendo del buon cibo a tavola, della cultura del buon mangiare e del buon vivere, e al contempo della condivisione.

- PILLOLA n. 4. Il Made in Italy agroalimentare rappresenta un patrimonio inestimabile. Si compone di ben 5.155 prodotti tradizionali – PAT – individuati su base regionale, di ben 310 prodotti tipici alimentari a denominazione e indicazione di origine protetta – DOP, IGP, ST – e ben 525 certificazioni DOC, DOCG, IGT relative ai vini, oltre 60 mila aziende biologiche e 40 mila realtà impegnate nel salvaguardare la biodiversità.

- PILLOLA n. 5. Il comparto agroalimentare rappresenta il secondo comparto manifatturiero in Italia con un fatturato di 187 miliardi di euro e l'11,3% del PIL, ed è definito anticiclico perché meglio degli altri affronta la crisi, ogni famiglia spende all'anno il 18,5% del suo reddito. Svolge un ruolo fondamentale nell'economia anche per la forza lavoro che occupa con circa 400 mila lavoratori per il comparto alimentare e oltre 1.125 mila addetti nel comparto agricolo.

Capitolo 2:

Come riconoscere la tutela del Made in Italy

"Dimmi quel che mangi e ti dirò chi sei"

(Jean Anthelme Brillat-Savarin)

2.1 Un quadro fatto di luci e ombre

Quando si parla di Made in Italy agroalimentare si fa riferimento ad un patrimonio enogastronomico senza pari al mondo, uno stile alimentare che fa perno sulla dieta mediterranea, quale modello di alimentazione sana ed equilibrata, ad una qualità che non si limita solo alla bontà e alla genuinità, ma anche alla garanzia di sicurezza, salubrità e origine. Il concetto di Made in Italy evoca qualità e sicurezza alimentare, oltre che un'eccellente produzione. Ma è sempre davvero così?

Il trend positivo che il Made in Italy genera così come le definizioni spesso controverse che dello stesso si propongono, ci spingono ad alcune riflessioni: quanto c'è di veramente italiano nei prodotti trasformati e venduti in Italia e nel mondo con il marchio Made in Italy? Che importanza riveste l'origine della materia prima nella qualità del prodotto finito? Come vengono tutelate le produzioni Made in Italy in ambito comunitario e internazionale a tutela del consumatore?

L'Italia è il secondo paese manifatturiero d'Europa, riconosciuto in tutto il mondo per la bontà delle produzioni di eccellenza. L'industria alimentare risponde a questo tipo di declinazione, e grazie a ciò ha saputo conquistare posizioni di leadership anche in settori merceologici finora estranei alla propria produzione di materie prime. Infatti, alcuni prodotti pur non potendo utilizzare materia prima prodotta esclusivamente in Italia sono comunque qualificabili come prodotti che possono fregiarsi del marchio Made in Italy.

Il caffè trasformato in Italia, importato come materia prima, ora è anche coltivato nella splendida terra di Sicilia. In realtà, la coltivazione del caffè nel nostro paese non esisteva, perciò per definizione non poteva esistere nemmeno il prodotto italiano dato che non vi erano piantagioni nel nostro territorio, ma i nostri brand hanno inventato la tradizione e il valore dell'espresso nel mondo rendendo questa preziosa bevanda sinonimo di Made in

Italy. Un discorso differente può essere fatto con il cioccolato proveniente dal cacao la cui produzione è inesistente in Italia, pur risultando timidi tentativi per la coltivazione in serra.

Queste considerazioni determinano la prima criticità: se è considerato prodotto Made in Italy solo ciò che è prodotto con le materie prime locali si espropriano di questa dignità alcuni prodotti consolidati e riconosciuti. Certamente alcuni ragionamenti debbono essere fatti con eccezionalità.

Ma allo stesso tempo è corretto inquadrare come Made in Italy una pasta prodotta con grano canadese o ucraino? Da un punto di vista normativo certamente sì, mentre da un punto di vista etico la risposta, a mio parere, è no, in quanto ritengo fondamentale la certificazione di provenienza e di filiera, tenuto conto che l'Italia è un importante produttore di grano duro di eccellente qualità, così come di quasi tutte le materie prime che costituiscono l'elemento primario e distintivo delle nostre produzioni. La tendenza ad importare materia prima dall'estero semplicemente per risparmiare sui costi, effettuando un vero e proprio dumping sull'agroalimentare italiano, è da considerare deplorevole e ingannevole.

L'Italia annovera il maggior numero di denominazioni protette in ambito europeo, riflesso di quella cultura gastronomica e dell'alta qualità delle materie prime. Il paniere è composto da prodotti da agricoltura integrata e soprattutto da prodotti tipici, a cui sono legate le maggiori chance di crescita nei mercati internazionali, nonché da prodotti di agricoltura biologica.

Lo sviluppo del Made in Italy agroalimentare si gioca dunque sul piano della tutela dell'origine geografica dei prodotti, e su un'accresciuta consapevolezza e educazione alimentare, attraverso la scelta oculata di prodotti sani e sicuri per la salute dei consumatori.

2.3 La protezione delle indicazioni geografiche a livello internazionale

Sono numerosi i fattori che hanno contribuito a far nascere una politica della qualità per le produzioni alimentari europee, comprese le azioni che hanno portato al riconoscimento delle indicazioni geografiche e all'adozione di una serie di politiche correlate. Tra queste pensiamo alla spinta per la globalizzazione e la necessità di rispondere alle istanze dei consumatori in tema di qualità, la necessità di fornire strumenti di sviluppo rurale legati a un concetto di agricoltura multifunzionale e di sviluppare politiche in grado di consentire la conservazione delle risorse produttive. Infine, la necessità di giustificare e consolidare la creazione di un patrimonio collettivo.

La protezione delle indicazioni geografiche e denominazioni di origine avviene attraverso l'adesione ad accordi multilaterali e regolamenti comunitari contenenti specifiche disposizioni in merito:

- La Convenzione di Parigi per la protezione della proprietà industriale è stata il primo Trattato internazionale a conferire tutela alle indicazioni di provenienza.

- L'accordo di Madrid finalizzato a reprimere l'uso di indicazioni di provenienza false e ingannevoli.

- L'Accordo di Lisbona attraverso il quale gli stati firmatari si impegnano a tutelare le dominazioni di origine che sono protette come tali nel paese di origine e iscritte nel registro internazionale amministrato dall'Organizzazione Mondiale della proprietà intellettuale, appositamente creata sotto l'egida dell'ONU.

- L'Accordo TRIPs, promosso **dall'Organizzazione Mondiale del commercio, ufficializzato nel** 1994 a Marrakech, costituito da 162 Paesi, rappresenta un valido strumento per migliorare la protezione internazionale delle indicazioni geografiche.

In particolare, l'accordo…
Definisce le indicazioni geografiche, con riferimento alle indicazioni che identificano un prodotto come originario del territorio di un paese membro, o di una regione o località in detto territorio, quando una determinata qualità, reputazione o altra caratteristica del prodotto siano attribuibili essenzialmente alla sua origine geografica.

Sancisce, inoltre, l'obbligo degli stati membri di prevedere i mezzi legali atti a consentire alle parti interessate di assicurare la protezione delle indicazioni geografiche contro ogni uso che possa ingannare il pubblico o costituire un atto di concorrenza sleale.

Stabilisce che ogni paese membro debba rifiutare o dichiarare nullo un trademark che contenga un'indicazione geografica tale da ingannare il pubblico relativamente alla vera origine del prodotto. Dichiara, poi, che la protezione di cui sopra si applichi anche alle indicazioni che per quanto letteralmente vere in ordine al territorio d'origine, indicano falsamente al pubblico che il prodotto è originario di un altro territorio.

La tutela offerta risulta però essere generica e poco incisiva dal momento che, nel caso in cui, il legittimo titolare di una determinata indicazione geografica voglia opporsi a un suo utilizzo indebito da parte altrui, dovrà dimostrare che l'uso che ne fa la controparte è tale da indurre il pubblico in errore, denunciandone il carattere fuorviante.

La protezione sancita è generale, cioè estendibile a tutti i prodotti riconosciuti come indicazione geografica, ma si tratta di una protezione in qualche modo "negativa", dal momento che i paesi WTO sono obbligati esclusivamente a prevedere i mezzi legali atti a impedire un uso scorretto di una indicazione da parte di produttori non localizzati nella regione designata.

Si stabilisce, inoltre, una protezione aggiuntiva riservata alle indicazioni geografiche per i vini e per le bevande alcoliche. Anche in questo caso si tratta di una protezione negativa, ma si parla di tutela forte in quanto viene applicata indipendentemente dal rischio di confusione o di concorrenza sleale e si esclude a priori la legittimità di un'indicazione non corrispondente al luogo di realizzazione del prodotto.

In termini concreti, la protezione sancita dagli accordi TRIPs ha dato luogo ad un sistema di protezione a due livelli: il primo generico sancito dall'art. 22 e applicabile alle indicazioni geografiche di tutti i prodotti agroalimentari, e il secondo stabilito dall'art. 23 e relativo alle indicazioni di vini e bevande alcoliche.

In ottemperanza all'art. 23 non è possibile usare indicazioni quali "vino frizzante stile champagne" prodotto in Cile, cioè ingannevoli per il pubblico, mentre sarà possibile Formaggio Roquefort prodotto in Norvegia, o tappeti Bukkara made in Usa perché potrebbero essere considerati da un giudice come non ingannevoli per il pubblico, dal momento che viene indicata la vera origine del prodotto. È sufficiente, perciò, un'indicazione seppur marginale della vera origine del prodotto per consentirne la commercializzazione, indebolendo e mettendo in secondo piano l'indicazione geografica.

L'accordo TRIPs, diversamente dalle convenzioni internazionali precedenti, ha il merito di offrire una definizione comune di indicazione geografica per 162 stati aderenti al WTO e di prevedere il ricorso a un sistema di protezione e di risoluzione delle controversie unitario e integrato.

Malgrado questo, però, lascia ai paesi membri la facoltà di determinare le modalità appropriate di attuazione delle disposizioni dell'accordo nel quadro delle rispettive legislazioni, ciò ha dato luogo a non poche differenze nei metodi di implementazione a livello nazionale che certamente non agevolano le protezione delle indicazioni geografiche a livello internazionale, causando notevole ambiguità rispetto alla tutela del Made in Italy.

Una valida alternativa a tutto ciò è la ricerca di accordi bilaterali e regionali previsti dal WTO tra singoli paesi e o gruppi di Paesi che possono rappresentare un modo efficace per raggiungere l'obiettivo, in quanto accordi che prevedono una definizione di indicazione di origine come quella europea sono difficilmente estendibili alla maggioranza di paesi che adottano la definizione di TRIPs.

Il Regolamento 1169/2011 sancisce che l'indicazione del luogo di provenienza o del paese di origine è obbligatoria nel caso in cui l'omissione di tale informazione possa indurre in errore il consumatore in merito al paese d'origine o al luogo di provenienza reale dell'alimento.

La norma prevede che, quando il Paese di origine o il luogo di provenienza di un alimento indicato non è lo stesso di quello del suo ingrediente primario, deve essere indicato anche il paese d'origine o il luogo di provenienza di tale ingrediente primario.

Se invece il paese d'origine o il luogo di provenienza dell'ingrediente primario è indicato come diverso da quello dell'alimento consente al consumatore di essere consapevole dell'acquisto che sta compiendo.

Le informazioni non devono mai indurre in errore, in particolare:

- per quanto riguarda le caratteristiche dell'alimento, soprattutto per quel che concerne la natura, l'identità, le proprietà, la composizione, la quantità, la durata di conservazione, il paese d'origine o il luogo di provenienza, il metodo di fabbricazione o di produzione;

- nell'attribuire al prodotto alimentare effetti o proprietà che non possiede;

- nell'indicare che l'alimento possiede caratteristiche particolari rispetto agli altri, in particolare evidenziando in modo esplicito la presenza o l'assenza di determinati ingredienti o sostanze nutritive;

- nel mostrare, tramite l'aspetto, la descrizione o le illustrazioni, se un particolare alimento o ingrediente è stato sostituito con uno diverso.

Il successivo regolamento di esecuzione della Commissione ha stabilito che l'art. 26 del regolamento UE n. 1169/201 si applica a tutti gli alimenti destinati al consumatore finale, incluso il consumo presso ristoranti, mense, scuole ospedali e imprese di ristorazione, pur restando esclusi dall'ambito del regolamento gli alimenti non preimballati o imballati nei luoghi di vendita su richiesta del consumatore per la vendita diretta.

La norma prevede anche l'obbligo dell'indicazione del luogo di origine in termini assoluti, in forza di norme europee differenti per alcuni prodotti, come miele, ortofrutticoli freschi, prodotti della pesca non trasformati, olio di oliva vergine ed extra vergine, vino, uova, pollame importato e bevande spiritose, ai fini della tutela della qualità e della relativa autenticità del prodotto.

Il Regolamento UE 1151/12 definito "Pacchetto qualità" disciplina in un unico testo le Dop, Igp e Stg, semplifica e rafforza il sistema delle protezioni e dei marchi collettivi geografici definendo:

- D.O.P., Denominazione di Origine Protetta, è un nome che identifica un prodotto originario di un determinato luogo, regione, o in casi eccezionali, di un paese, la cui qualità o le cui caratteristiche sono dovute essenzialmente o esclusivamente ad un particolare ambiente geografico ed ai suoi intrinseci fattori naturali e umani, le cui fasi di produzione si svolgono nella zona geografica delimitata.

- IGP, Indicazione di Origine Protetta, è un nome che identifica un prodotto originario di un determinato luogo, regione o paese, alla cui origine geografica sono essenzialmente attribuiti una data qualità, la reputazione o altre caratteristiche, la cui produzione si svolge per almeno una delle sue fasi nella zona geografica delimitata.

- S.T.G., Specialità Tradizionale Garantita, è un nome che identifica un prodotto o alimento ottenuto con un metodo di produzione, trasformazione o una composizione che corrispondono a una pratica tradizionale per tale prodotto o alimento, ottenuto da materie prime o ingredienti utilizzati tradizionalmente.

2.2 Il dibattito sulle indicazioni geografiche protette.

I nomi geografici possono essere usati per identificare una vasta gamma di prodotti agroalimentari creando un'associazione tra i prodotti stessi e il luogo di origine. Esistono, comunque, delle differenze tra gli strumenti normativi predisposti per la loro tutela e la loro definizione relativamente alle indicazioni di provenienza, denominazione di origine e indicazioni geografiche.

Per quel che riguarda l'"indicazione di provenienza" l'accordo di Madrid fornisce una definizione precisa: "ogni espressione o segno usato per indicare che un servizio o un prodotto è originario di una regione o di un luogo specifico senza che vi siano elementi di qualità o reputazione". Indicano la provenienza del prodotto il nome di un Paese, regione, città – Made in Italy è un esempio di indicazione geografica di provenienza – oppure simboli o emblemi figurativi o scritti che evocano indirettamente l'origine geografica del prodotto: ne è un esempio l'immagine della Statua della Libertà per identificare i prodotti degli Stati Uniti d'America.

Le denominazioni di origine, registrate ai sensi dell'Accordo di Lisbona, prevedono che un bene sia non solo originario di un luogo specifico, ma debba anche avere qualità e caratteristiche attribuibili esclusivamente o essenzialmente all'ambiente geografico, compresi fattori umani e naturali.

La sola reputazione del prodotto non è sufficiente per ottenere la protezione dovuta allo status di *appellation of origin*, in quanto il prodotto deve anche possedere specifiche qualità e caratteristiche. Viene definita, direttamente, mediante il nome geografico di un paese, regione o località. Esempi di denominazione di origine protette sono: Bordeaux per il vino, Jaffa per le arance, Habanos per il tabacco cubano.

Da questa condizione emerge come la definizione di indicazione geografica degli accordi TRIPs sia più ampia del concetto di denominazione di origine, in quanto comprende non solo prodotti il cui legame con il territorio determina il soddisfacimento dei criteri di qualità e caratteristiche di un prodotto attribuibili all'origine geografica, ma menziona anche il concetto di reputazione del prodotto.

Un'indicazione geografica è una designazione che si riferisce a un determinato Paese, regione o località. Può essere un nome geografico, come Napa Valley per il vino degli Stati Uniti d'America, o blue Mountain per il caffè della Giamaica, oppure una denominazione come Basmati per il riso originario della regione del sud-Himalaya, e un simbolo o un emblema, come la Torre Eiffel per un prodotto tipico originario di Parigi.

Nonostante un lungo dibattito, si è mantenuta, per le diverse categorie di prodotti di qualità riconducibili ad un'indicazione geografica IG, la suddivisione tra DOP, IGP, STG. Le tre tipologie di Indicazione Geografica presentano comunque lo stesso livello di protezione sui mercati europei ed internazionali, ma con delle leggere differenziazioni.

Con riferimento alle DOP e IGP è il diverso legame con il territorio di origine a fare la differenza, infatti, nel caso dei prodotti DOP è sicuramente molto forte o comunque dovrebbe essere più forte di quello dei prodotti IGP. In riferimento agli ortofrutticoli, il legame con il territorio di origine non è inferiore rispetto quello delle DOP, in quanto le fasi di produzione, trasformazione e elaborazione avvengono nella medesima regione che porta il nome della Indicazione geografica.

Una differenza tra DOP e IGP è rappresentata dalla strategia produttiva e commerciale che i produttori possono sviluppare nei due sistemi di riconoscimento. Se i disciplinari relativi ai prodotti

Dop prevedono che debba esistere una coincidenza tra zona di origine delle materie prime e zona di trasformazione, i disciplinari IGP offrono un maggiore grado di libertà rispetto all'origine delle materie prime.

Questi disciplinari, infatti, consentono alle imprese di superare i vincoli legati alla disponibilità delle materie prime in aree molto ristrette e allo stesso tempo accettano tecniche produttive che pur nel rispetto del sapere e della tradizione locale si prestano alla lavorazione di elevati volumi produttivi. In tal modo, si giustificano come Made in Italy tanti prodotti le cui materie prime, pur importate, mantengono livelli di eccellenza.

I prodotti Dop presentano una specificità maggiore e una potenziale differenza in termini di qualità e reputazione rispetto ai prodotti IGP, soprattutto per il fatto che sono legati alla fase agricola. Mentre i prodotti Dop seppur con qualche eccezione possono essere considerati produzioni di nicchia con prevalenza di tecniche di lavorazione artigianali, volumi produttivi limitati e destinati a mercati di prossimità, le produzioni IGP specialmente quelle trasformate, si addicono meglio a produzioni più industriali, se non di massa, destinate comunque a mercati più ampi.

La distinzione tra DOP e IGP è quindi funzionale soprattutto ai produttori che in questo modo possono sviluppare strategie produttive e commerciali funzionali alle caratteristiche del mercato a cui fare riferimento. Un aspetto utile per il riconoscimento di Dop e Igp è legato alla possibilità di equiparare allo status di Dop alcuni nomi geografici, anche se la materia prima dei relativi prodotti proviene da una zona più ampia della zona geografica delimitata.

Ciò al fine di "sanare" alcune situazioni relative ai prodotti, soprattutto di natura zootecnica e ortofrutticola, che prevedono di disciplinare aree di origine della materia prima molto più vaste rispetto all'area di effettiva produzione del prodotto ma, comunque, ben definita e regolamentata. È questo il caso della quasi totalità dei prosciutti Dop italiani che, di fatto, delimitano due aree: quella di approvvigionamento della materia prima e quella di trasformazione.

Tutto ciò, rientra nella logica di creare una distinzione più netta rispetto al "legame con il territorio", rendere più trasparenti le logiche commerciali che seguono le aziende e valorizzare meglio, agli occhi dei consumatori, il legame con l'area di origine.

Costituisce un elemento molto significativo l'utilizzo di elementi di differenziazione dell'origine dei prodotti Dop e Igp, che hanno una dimensione europea, mediante l'uso di "indicazioni facoltative di qualità", riservate alle aree di "montagna" e "insulari".

Infatti, l'uso delle menzioni "prodotto di montagna" e "prodotto dell'agricoltura delle isole" sono sicuramente elementi rilevanti per l'Italia, sia per le caratteristiche orografiche di quasi tutte le regioni italiane, sia per la possibilità di sviluppare politiche di differenziazione qualitativa all'interno di IG non omogenee, dove, alti costi di produzione e bassa produttività, penalizzano le aree geografiche più svantaggiate.

È evidente come, per l'Italia, questa norma rappresenti una grande opportunità da cogliere, non solo per il mercato interno ma soprattutto per il mercato europeo dove il binomio IG, sia essa

Dop o Igp, prodotto di montagna o insulare, potrà rappresentare un forte elemento di distinzione e di attrazione.

Inoltre, il Regolamento stabilisce l'obbligo, da parte degli Stati membri, di tutelare i marchi registrati non su iniziativa di parte, ma ex officio, sulla base di specifici piani di intervento. Questo aspetto è davvero di grande importanza per l'Italia, che può vantare le IG più famose e copiate al mondo.

L'Italia ha affidato il compito della sorveglianza all'Ispettorato centrale della tutela della qualità e repressione frodi dei prodotti agroalimentari. Purtroppo, le frodi nel campo alimentare sono davvero tante, e il lavoro svolto, anche in collaborazione con il Nucleo Antifrodi Carabinieri (Nac), è davvero imponente, per via delle difficoltà nell'azione di tutela delle Denominazioni non solo nei Paesi UE a bassa cultura alimentare, ma anche in Italia. Perciò, è fondamentale mettere in campo strumenti pratici per contrastare tutte le forme di abuso.

Va da sé che per commercializzare i prodotti Dop e Igp non è sufficiente essere riconoscibili agli occhi dei consumatori, ma occorre che le IG vengano tutelate con tutti gli strumenti a disposizione, impedendo così ai competitor sleali di promuovere i loro prodotti attraverso l'inganno.

Il contrasto alla concorrenza sleale deve passare attraverso l'organizzazione dell'offerta e la promozione dei relativi prodotti di qualità sui mercati, nonché attraverso l'educazione alimentare dei consumatori.

2.3 Lo stato dell'arte

In Europa, sotto l'aspetto delle Denominazioni di origine l'Italia la fa da padrona, ritagliandosi oltre il 20% del totale europeo, e costringendo Paesi di grande tradizione come la Francia e la Spagna ad inseguirla.

Le Denominazioni di origine sono uno snodo cruciale per l'export tricolore, rappresentando l'eccellenza per quanto riguarda i controlli, la sicurezza alimentare e il legame con il territorio, tutti elementi che fungono da volano per l'intero settore agroalimentare. L'obiettivo politico nazionale è quello di far crescere del 50% il volume dell'export agroalimentare, e in questa partita sarà decisivo il contributo dei prodotti a denominazione.

L'accordo commerciale, in vigore dal 2015 tra Ue e Canada, che fissa per la prima volta il riconoscimento oltre oceano delle indicazioni d'origine dei prodotti agroalimentari, è cruciale per l'Italia. L'accordo, ufficialmente battezzato Ceta (Comprehensive economic and trade agreement), prevede l'eliminazione del 99% delle barriere tariffarie e un'armonizzazione degli standard tecnici, che permetteranno ai produttori europei esportazioni più facili per diversi settori, in particolare per quello agroalimentare.

Nell'ambito di questo accordo, l'Italia esce beneficiaria netta, con il riconoscimento "storico" delle indicazioni d'origine in un paese anglosassone dove è in vigore invece il sistema dei marchi commerciali. Si tratta tuttavia di una "mezza vittoria", poiché, se da un lato, vini e altri 36 prodotti agroalimentari, tra cui il prosciutto crudo di Parma, il Parmigiano reggiano ma anche il Gorgonzola e l'Asiago, finora penalizzati dalle imitazioni e dai falsi, avranno pieno diritto di soggiorno nel paese con il loro nome, dovranno dall'altro condividere lo spazio sugli scaffali con prodotti riconducibili all'italian sounding.

Dopo gli accordi di libero scambio firmati con la Corea e Singapore, sono in corso delle trattative che riguardano gli standard europei di sicurezza per i prodotti alimentari, indubbiamente più alti di quelli statunitensi, interpretati da questi ultimi non come una difesa del diritto alla salute per i consumatori, ma come un indebito ostacolo al commercio.

2.4 La normativa USA in materia di indicazioni geografiche

Gli USA rappresentano il mercato di esportazione più importante per l'Italia tra i paesi extra Ue, ma contemporaneamente quello con cui si hanno le maggiori controversie in fatto di Italian Soundig. Il sistema giuridico della Proprietà intellettuale negli Stati Uniti è il risultato di un secolare sviluppo giurisprudenziale e normativo, regolato sia dal sistema di Common Law che da un più recente apparato normativo, a livello statale e federale.

Questo significa che, mentre i Paesi UE conferiscono alla tutela delle indicazioni geografiche una normativa "speciale", gli Stati Uniti, al pari dei paesi regolati dalla Common Law, conferiscono protezione alle indicazioni geografiche mediante applicazione di un mix di norme, che regolano i marchi commerciali, la concorrenza sleale e la sicurezza dei lavoratori.

La normativa statunitense disciplina, infatti, le indicazioni geografiche come una sottocategoria dei marchi registrati in quanto hanno la stessa funzione. Ovvero:

- identificano la provenienza;

- garantiscono la qualità;

- garantiscono ai prodotti un notevole valore commerciale.

Il sistema in uso si avvale della struttura amministrativa già operante per i marchi. Lo USPTO, United States Patent and Trademark Office, l'organismo amministrativo incaricato di rilasciare i brevetti ed i marchi depositati negli Stati Uniti d'America, è il più importante nel campo dei brevetti, considerate le dimensioni economiche del mercato statunitense.

Gli Stati Uniti non tutelano espressioni o segni di origine geografica che ritengono generici per l'indicazione di beni o servizi: la parola mela non può essere protetta come il marchio di una certa qualità di mele perché è il nome generico del frutto stesso.

Poiché i nomi generici non godono di protezione negli Stati Uniti, quando una designazione di origine geografica diviene generica può essere utilizzata da qualsiasi produttore per identificare i propri beni o servizi. Nell'Unione Europea al contrario si stabilisce che una denominazione di origine protetta non può mai divenire generica.

Ci sono due aspetti rilevanti nel sistema di protezione dei marchi derivanti dal Common Low rispetto alla acquisizione del titolo, e sono:

- principio del "first to use", cioè l'uso in buona fede del marchio senza ricorso alla registrazione;

- principio del "first in time first in right" che non consente la registrazione di un'indicazione geografica (prodotto DOP/IGP) negli Stati Uniti laddove questa sia contenuta in un marchio già registrato negli USA.

Queste peculiarità del sistema di Proprietà Intellettuale statunitense sono tra gli impedimenti alla tutela dei prodotti DOP/IGP italiani negli USA. Pertanto, qualora si intenda tutelare un'indicazione geografica negli Stati Uniti è necessario fare ricorso all'istituto del marchio: trademark e service mark nella normativa statunitense sono parole o frasi simbolo o logo o disegno o una combinazione di questi volti a identificare e distinguere l'origine dei prodotti o servizi.

Sono evidenti alcune differenze sostanziali fra la disciplina giuridica italiana, fondata sul principio della registrazione del marchio, sulla dottrina della territorialità e delle produzioni tipiche attraverso le indicazioni geografiche, e la disciplina Usa. Gli strumenti a disposizione dell'operatore italiano sono sintetizzabili nel collective mark e nel certificate mark, e quest'ultimo è sicuramente quello più simile concettualmente all'istituto delle indicazioni geografiche e rappresenta la forma di protezione più difficile da ottenere per un prodotto DOP/IGP.

Va sottolineato che nella normativa USA concernente il "certification mark" non viene condotto alcun esame per accertare gli standard qualitativi del prodotto associato al marchio. Infatti, lo USPTO si limita a verificare che siano stati adempiuti gli obblighi di certificazione in modo equo e non discriminatorio, al pari delle indagini che normalmente svolge per le altre tipologie di marchi.

Al contrario, la normativa comunitaria prevede che i produttori o i trasformatori di un prodotto DOP/IGP debbano attenersi ad un disciplinare di produzione e sottoporsi a controlli periodici, a garanzia dei requisiti del prodotto e della sicurezza del consumatore.

Sono, pertanto, alquanto evidenti le differenze di tutela e protezione, che costituiscono delle vere e proprie minacce per il Made in Italy agroalimentare e,

che devono tradursi invece in altrettante opportunità di sviluppo.

CAPITOLO 2: ESTRATTO IN PILLOLE

- PILLOLA n. 1. Il Made in Italy si confronta con numerose criticità, anche normative con una legislazione di tutela non vincolante in Europa e ancor meno in ambito internazionale. Infatti, l'Indicazione di Provenienza è indicata come obbligatoria nel caso in cui l'omissione possa indurre in errore il consumatore.

- PILLOLA n. 2. La disciplina specifica garantisce, solo negli stati aderenti all'Unione Europea, attraverso i Regolamenti 1169/2011 e 1152/2012, la tutela per i prodotti con marchio registrato IG, e rimangono perciò esclusi gli altri prodotti che non presentano certificazioni.

- PILLOLA n. 3. La protezione del Made in Italy si rende ancora più complessa nei paesi extraeuropei per via di una normativa che ha indirizzi completamente differenti in merito a Indicazioni di Provenienza e marchi. Fra tanti è emblematico il caso degli Usa, il maggior paese destinatario delle esportazioni delle nostre produzioni.

- PILLOLA n. 4. Da tempo è in corso un ampio dibattito fra i paesi europei e WTO per il riconoscimento obbligatorio dell'indicazione di origine e provenienza dei prodotti e dei marchi IG, DOP, DOC, STG, al fine di assicurare il riconoscimento e la tutela del Made in Italy nel mondo.

- PILLOLA n. 5. Questa condizione di ambiguità normativa grava pesantemente sull'identificazione delle produzioni Made in Italy nel contesto internazionale a danno della sua immagine e riconoscibilità, con la conseguenza negativa dell'indifferenziazione dei prodotti, che vengono messi in grave difficoltà da alcuni fenomeni come la contraffazione e l'imitazione.

Capitolo 3

Il contrasto al Made in Italy: l'agropirateria

"Le esigenze di produzione di massa portano spesso, purtroppo, a immettere

sul mercato il cibo spazzatura, ma le conseguenze, si vedono chiaramente

e si chiamano obesità, malattie, mortalità precoce"

(Umberto Veronesi)

L'agropirateria è definita come l'applicazione, ai prodotti agroalimentari, delle pratiche di falsificazione e imitazione finalizzate a conferire ai prodotti un'identità differente da quella realmente posseduta. Tale pratica si caratterizza per:

- La falsificazione dell'identità merceologica del prodotto, attraverso l'utilizzo di materie prime, semilavorate, di valore qualitativo ed economico inferiore rispetto ai prodotti autentici, ai quali viene attribuita un'origine e un'identità non posseduta, ricorrendo a processi produttivi improntati al contenimento dei costi di produzione e all'elusione di norme cogenti. In questo caso si è in presenza di tutte le azioni fraudolente e di contraffazione che violano i diritti di proprietà intellettuale, e/o industriale su marchi d'impresa, marchi commerciali, segni distintivi, brevetti di invenzione, disegni e modelli industriali, indicazioni geografiche e denominazioni di origine. L'agropirateria si sostanzia nell'appropriazione indebita data la finalità esplicita dell'inganno del consumatore, al quale viene offerto un prodotto qualitativamente inferiore a quello dichiarato.

- La falsificazione dell'identità aziendale del prodotto, le cui caratteristiche, dal packaging, al design, al marchio, all'etichetta, ecc., sono tali da ricondurne la fabbricazione, anche sotto il profilo giuridico, ad un produttore diverso da quello reale.

- La falsificazione dell'origine geografica di un prodotto, cioè della provenienza delle materie prime utilizzate o della localizzazione del processo produttivo.

- L'imitazione di determinati tratti distintivi o caratteristiche del prodotto, in modo da evocare un'identità aziendale o geografica differente da quella reale attraverso l'utilizzo improprio di parole, colori, nomi, riferimenti geografici, immagini e aspetti fisionomici. Tale processo è conosciuto come "Italian sounding", definendo in questo modo le pratiche di imitazione di tutti quei prodotti che all'occhio del consumatore "suonano" come italiani. La finalità, in questo caso, è trarre in errore, o creare aspettative sui prodotti non corrispondenti alla loro reale identità. Queste produzioni non ledono alcun diritto di proprietà intellettuale, o industriale, e sono assimilabili ad azioni di concorrenza sleale confusoria.

L'attività di agropirateria si sostanzia attraverso i soggetti che la pongono in essere. La contraffazione è generata da "imprenditori senza impresa", cioè soggetti la cui attività, opportunamente occultata, risulta illecita.

L'imitazione, invece, è compiuta da imprese riconducibili sia alle categorie delle piccole aziende a diffusione locale o nazionale, sia a quelle produttrici delle referenze private-label per le catene distributive, e sia da imprese multinazionali, che rappresentano la tipologia più diffusa.

Sotto il profilo teorico, la pratica dell'agropirateria può essere inquadrata nell'ambito delle forme distorsive e di fallimento del mercato, rese più manifeste dal processo di globalizzazione, dalla presenza di barriere commerciali e da costi di transazione elevati, nonché dalle asimmetrie informative tra produttore e consumatore, che non sempre dispone di sufficienti informazioni utili a compiere le giuste scelte in merito alla qualità alimentare.

Così, la lontananza e la proliferazione dei mercati di sbocco, la crescita del commercio elettronico e la disponibilità di strumenti di riproduzione dei tratti distintivi dei prodotti possono incentivare fenomeni di diffusione di prodotti falsi e contraffatti che beneficiano di una rendita legata ad una reputazione non propria.

L'agropirateria danneggia pesantemente il Made in Italy alimentare, poiché risulta, spesso, ugualmente profittevole, grazie all'immagine positiva che i consumatori esteri hanno delle nostre specialità e al conseguente posizionamento competitivo sul mercato. La perdurante presenza di barriere non tariffarie – con una domanda potenziale che le imprese nazionali non riescono a soddisfare – costituiscono terreno fertile per l'agropirateria, e talvolta anche la crescente riscoperta e valorizzazione delle produzioni tipiche e tradizionali si traduce in nuove opportunità di contraffazione.

Il fenomeno dell'agropirateria ha assunto dimensioni talmente rilevanti da costituire un vero e proprio mercato parallelo, che realizza un giro d'affari superiore rispetto a quello degli autentici prodotti del Made in Italy alimentare. Le ripercussioni negative non riguardano solo il singolo bene, quanto l'intero sistema dell'offerta, creando un danno sia alle imprese sia ai consumatori.

Per il Paese, la pregiudicata potenzialità di valorizzazione delle proprie specialità alimentari implica la mancata espansione dei mercati di sbocco, con la diminuzione della propensione all'export, scoraggiando, così, l'innovazione e il miglioramento dei prodotti e danneggiando pesantemente gli indicatori relativi alla produzione.

Per l'impresa, la limitazione della politica di posizionamento competitivo, indotta dai prodotti imitativi, si traduce nella mancata remunerazione degli investimenti effettuati, mentre viene pregiudicata la possibilità di espansione futura della quota di mercato.

Il predominio del prodotto imitativo, inevitabilmente, conduce allo scadimento percettivo della qualità del Made in Italy, pregiudicando il successo delle politiche di segmentazione della domanda e conseguentemente i livelli produttivi e occupativi.

Così, il consumatore, effettuando la propria scelta in funzione della qualità media percepita, penalizza le referenze originali che si pongono in una diversa gamma di qualità-prezzo. La mancata distintività del prodotto originale si traduce nell'annacquamento della sua reputazione, affievolendo l'efficacia degli elementi su cui si fondano le strategie di differenziazione e posizionamento competitivo.

Nonostante la gravità, la percezione del fenomeno appare ancora limitata, sia dal lato della domanda quanto dell'offerta: la maggior parte dei consumatori esteri ritiene consueto l'acquisto di prodotti alimentari italiani, dimostrando di ignorare l'effettiva origine dell'offerta.

Pur riconoscendo una presenza di prodotti imitativi, gli acquirenti esteri ritengono l'offerta dei falsi non frequente e non notano che il prodotto è una falsificazione o imitazione, sia perché vi è una certa noncuranza verso la sua reale autenticità, sia perché in mancanza delle diciture "Made in Italy" o "Imported from Italy" si accontentano di segnali generici (denominazioni, produttore, bandiera, ecc.) per ritenere l'alimento italiano.

Ma la percezione dell'agropirateria risulta debole anche da parte dei produttori nazionali, i quali disconoscono gli impliciti potenziali danni competitivi inflitti alle imprese italiane. Ciò vale, soprattutto, per i cosiddetti prodotti "processed" – sughi e salse pronte, caffè, pasta secca – più che per gli "unprocessed", cioè specialità di salumeria e casearie, pasta fresca, ma anche olio di oliva e aceto balsamico.

Sono tanti i prodotti contraffatti che richiamano le presunte origini italiane, utilizzando le immagini di paesaggi e monumenti rappresentativi del Made in Italy, con riferimento ai colori della bandiera tricolore, verde, bianco, rosso, a cui si aggiunge l'impiego di denominazioni italiane.

Per citarne alcune: America Contadina (Roma style tomatoes); salsa e conserva di pomodoro prodotta in California (Usa); Provolone prodotto nel Wisconsin (Usa), Mozzarella prodotta nel Minnesota (Usa); Australia Bolognese (Pasta sauce); Mozzarella e Ricotta (Perfect italiano, con bandiera italiana riportata sull'etichetta); Asia Pomodorini di collina (prodotti da una società cinese e presentati al salone internazionale dell'alimentazione di Parigi); Parmigiano prodotto in Cina, Pecorino (Italian cheese) prodotto in Cina con raffigurazione sulla confezione di una mucca e della bandiera italiana; Caciotta (Italian cheese) prodotta in Cina con bandiera italiana sulla confezione Europa; Aceto balsamico di Modena prodotto in Germania; Amaretto Venezia prodotto in Germania in una bottiglia la cui forma imita quella dell'Amaretto di Saronno; Romulo (Extra virgin olive oil) prodotto in Spagna con raffigurata in etichetta una lupa che allatta Romolo e Remo; Classico Caberlot prodotto in Romania; Bolognese, salsa al basilico (ma senza ragù) prodotta in Estonia; Spaghetti (Mit tomatensauce/quattro formaggi) prodotti in Germania, e ancora tanti altri.

Particolarmente colpiti dalla contraffazione risultano i prodotti certificati, punta di diamante del Made in Italy, in ragione della loro elevata reputazione e posizionamento competitivo internazionale, tantoché nei mercati internazionali risulta originale Made in Italy solamente un prodotto su cinque.

L'Italian sounding colpisce indiscriminatamente le diverse classi di prodotti alimentari, confermando con ciò il loro potenziale di mercato, mentre, relativamente alle produzioni a Denominazione e Indicazione d'origine protetta, l'imitazione risulta concentrata su due categorie, quella dei formaggi e dei salumi ed insaccati fra i quali il Parmigiano Reggiano, il Pecorino Romano e il prosciutto, che risultano essere i più commercializzati e imitati.

Il tema delle imitazioni va considerato distintamente rispetto ad altri fenomeni, anche se, talvolta, questi si intrecciano con conseguenze potenzialmente assai negative, come le adulterazioni dei prodotti agroalimentari e la sicurezza sanitaria degli alimenti con vere e proprie frodi commerciali. Ciò comporta pesanti ricadute negative per l'immagine dei prodotti italiani, sia sul mercato nazionale che su quello internazionale.

È curioso ma emblematico constatare che anche la mafia, che rappresenta una piaga per la nostra società, possa diventare un brand all'estero da utilizzare per i prodotti agroalimentari. Sulla spinta commerciale delle suggestioni di "carismatici" capoclan, da Al Capone a Lucky Luciano a Don Vito Corleone, finiscono sugli scaffali di tutto il mondo prodotti come il caffè "Mafiozzo", i sigari "Al Capone", la pasta "Mafia", gli snack "Chilli Mafia", l'amaro "Il Padrino", il limoncello "Don Corleone", il sugo piccante rosso sangue "Wicked Cosa Nostra" e le spezie "Palermo Mafia shooting".

Il fenomeno trova eco anche nella ristorazione, infatti, in tutto il mondo spopolano i ristoranti e le pizzerie "Cosa Nostra" e "Mafia", ed è pure possibile acquistare il libro di ricette "The mafia cookbook".

3.1 Le dimensioni del fenomeno.

Il mercato nazionale della contraffazione ha una dimensione stimata di circa 8 miliardi di euro, di cui il 15,7% riguarderebbe i prodotti agroalimentari, alcolici e bevande.

Relativamente all'Italian sounding, le stime portano a valori complessivi assai diversi, anche se le difficoltà di valutazione sono notevoli. Infatti, la falsificazione dei prodotti alimentari Made in Italy è stimata a circa 54 miliardi di euro di fatturato l'anno, approssimativamente 147 milioni di euro al giorno. Cifra decisamente elevata, soprattutto se comparata con il valore delle esportazioni agroalimentari dell'Italia, pari a circa la metà dell'intero fatturato.

L'entità del fenomeno è davvero rilevante, sia sotto il profilo della diffusione e commercializzazione sia sotto il profilo economico, principalmente, negli USA dove la categoria italian sounding rappresenta ben l'11% del mercato complessivo dei prodotti agroalimentari, per un fatturato pari a circa 18 miliardi di dollari. I prodotti imitativi rappresentano più del 90%, per un valore superiore ai 16 miliardi di dollari, mentre i prodotti autentici costituiscono solo l'8,6%.

È emblematico che, nel mercato nord-americano, i falsi raggruppano il 70% delle vendite con riferimento a prodotti e nomi italiani, rispetto ad una media contenuta nel 5% dell'export. Al contrario, per le imitazioni Italian sounding l'area comunitaria è più rappresentata, con 25 miliardi di euro, ma in termini relativi, in Nord-America, solo un decimo dei prodotti è originale, mentre i falsi sviluppano 20 miliardi di euro di vendite.

In particolare, negli USA, il modello "Imitazione delle indicazione geografiche" genera un giro d'affari di quasi 4,9 miliardi di dollari e rappresenta il 30% del mercato dell'imitazione Italian sounding. La categoria di imitazione prevalente è l'Indicazione del nome Italia e dei suoi derivati, con un fatturato di 1,9 miliardi di dollari. I prodotti che presentano un riferimento a specifiche aree geografiche detengono un valore di mercato di oltre 1,7 miliardi di dollari, mentre, il fatturato delle "Imitazioni di Denominazioni tutelate" è di circa 1,2 miliardi di dollari.

In termini di mancata occupazione, il fenomeno costa al nostro paese 300.000 posti di lavoro e circa 8 miliardi di euro. La ripartizione geografica del fenomeno può essere così sommariamente descritta: 24 miliardi di euro nel Nord America, 26 miliardi in Europa e gli altri 10 miliardi nel resto del mondo.

Se si rapportano questi dati al valore delle esportazioni dall'Italia di prodotti agroalimentari autentici si ottiene una sorta di "indice di intensità di imitazione" che, nei casi citati, risulterebbe rispettivamente pari a 8 per il Nord America, circa 2 per l'Europa e 2,5 per il resto del mondo.

Questo indice negativo, da un lato, segnala, sia pure in modo indiretto, la notorietà e l'apprezzamento per i prodotti agroalimentari italiani, pur di imitazione, e dall'altro, la presenza di una domanda non pienamente soddisfatta dalla capacità di penetrazione del Made in Italy su mercati esteri per ragioni che possono essere di diversa natura. Per esempio: l'incapacità delle nostre imprese di esportazione e la presenza di misure e norme di fatto protezionistiche sul piano del commercio estero o su quello della tutela di una corretta concorrenza.

In termini di mancate riscossioni di imposte dirette e indirette, il danno ammonterebbe a 1,7 miliardi di euro, e se si tenesse conto anche della produzione di beni e servizi indotti il danno aumenterebbe fino a 4,6 miliardi di euro.

Non si può neppure non considerare il danno derivante dalla selezione distorta che il fenomeno induce tra le diverse aziende. Il fenomeno del falso e delle imitazioni favorisce le imprese illegali o quelle che producono mere imitazioni rispetto alle aziende che producono i prodotti autentici, a danno dei consumatori nella misura in cui essi sono tratti in inganno sulle caratteristiche qualitative dei prodotti acquistati.

Infatti, i consumatori subiscono una perdita di benessere non trascurabile rispetto alla qualità attesa, e una minore soddisfazione nel momento del consumo, data la mancata corrispondenza in termini di qualità.

Inoltre, la scarsa qualità delle imitazioni spacciate per vere, può dissuadere i consumatori dall'acquisto del prodotto autentico o più facilmente può comportare una minore disponibilità a pagare un maggior prezzo per il prodotto originale, generando quindi un effetto depressivo sul prezzo. Ciò può avere significativi effetti a catena, in termini di impatto generale sui prezzi, anche per le materie prime agricole e i fattori di produzione utilizzati.

3.2 La risposta all'agropirateria tra azioni istituzionali

La lotta all'agropirateria appare sempre più necessaria, non solo per limitare i danni economici che arreca alle imprese, quanto per implementare efficaci politiche di penetrazione del Made in Italy nei mercati internazionali.

Le azioni istituzionali volte a contrastarla, ancora scoordinate, si rivelano inefficaci, mentre gli attuali strumenti giuridici risultano insufficienti per assicurare un'adeguata protezione. Nonostante l'Unione Europea sia intervenuta concretamente a tutela delle produzioni, protezione dei marchi e indicazione geografica e abbia reso obbligatoria l'indicazione del paese di origine, la tutela del Made in Italy, risulta, tuttavia, complessa in assenza di una sufficiente armonizzazione legislativa.

Il diritto internazionale stabilisce solo definizioni generali e standard di protezione delle indicazioni geografiche, il cui adeguamento a tali standard è a discrezione degli stati sottoscrittori degli accordi. Infatti, la protezione delle indicazioni geografiche è garantita sulla base del trattamento nazionale da parte dei paesi membri, così come l'indicazione del paese di origine o luogo di provenienza non può che essere obbligatorio nel caso in cui l'omissione possa indurre in errore il consumatore. In ogni caso questo riguarda i paesi comunitari.

Nel mercato extraeuropeo un prodotto, oltre alla protezione dell'Accordo TRIPs, può usufruire, se la legislazione del paese in questione lo prevede, di una protezione maggiore, così come accade in Italia in riferimento all'indicazione geografica della materia prima che può essere tutelata sulla base del sistema di protezione dei marchi commerciali oppure di sistemi di protezione specifici per certe categorie di Indicazioni Geografiche.

Però, per quanto riguarda i mezzi legali di protezione, nessuna disposizione è stabilita dall'accordo TRIPS, che lascia ampia discrezionalità agli Stati membri, i quali possono disciplinare la materia con leggi speciali, quali normativa sui marchi, leggi generali, normativa sulla proprietà industriale, protezione dei consumatori, concorrenza sleale, ecc.

È palese la difficoltà di proteggere i prodotti dall'agropirateria attraverso la tutela dell'Indicazione Geografica. Per ottenere la protezione minima è necessario verificare la compatibilità di una data Indicazione Geografica con i requisiti stabiliti dalla legislazione locale, per la quale, salvo disposizioni nazionali più restrittive, non è necessario che l'Indicazione Geografica sia registrata, ma solo che si rispetti la norma una volta che ne sia richiesta la protezione.

Spesso, anche soddisfacendo i requisiti nella maggior parte dei Paesi, l'indicazione dell'origine è considerata semplicemente un'informazione sul prodotto, alla pari del nome del produttore, e può essere protetta come marchio, se costituisce un segno distintivo del prodotto. Solo alcuni paesi attribuiscono all'Indicazione Geografica un'importanza speciale, distinta dai marchi, prevedendo, accanto al sistema di tutela dei marchi commerciali, un sistema specifico di protezione della stessa.

Con il sistema di tutela dei marchi commerciali, l'Indicazione Geografica è protetta come diritto privato ed esclusivo del soggetto che l'ha richiesta, che può opporne l'uso con iniziativa privata a terzi ed impedire la registrazione di Indicazioni omonime.

Il sistema specifico, invece, assicura una protezione dell'Indicazione Geografica come diritto "pubblico" attribuibile a tutti i produttori. Sebbene sia più difficile, soprattutto nei paesi di esportazione, registrare l'Indicazione Geografica garantisce una tutela maggiore rispetto a quello dei marchi commerciali e risulta più efficace in termini di difesa dall'agropirateria, soprattutto nei mercati esteri.

3.3 La protezione del "Made in Italy alimentare" nei mercati internazionali

Se molteplici fattori rendono difficile la protezione del Made in Italy dal punto di vista normativo, la tutela può attivarsi su iniziativa privata, quando le imprese per rilevare il fenomeno della contraffazione devono intraprendere le conseguenti azioni giudiziarie.

Gli strumenti giuridici per la protezione dell'indicazione di origine e per la tutela del marchio commerciale non appaiono semplici. La difesa in sede giudiziaria è spesso preclusa, qualora l'illecito non risulti perseguibile ai sensi della legislazione locale.

Ancor più problematica è la protezione dei prodotti nei mercati extraeuropei, dove la registrazione come marchio commerciale – subordinata al fatto di costituire un segno distintivo del prodotto, possibile solo in assenza di marchi omonimi – è soggetta a decadenza e risulta costosa, richiedendo dispendio di tempo e risorse. Inoltre, la singola impresa è chiamata ad individuare l'illecito e sostenere le relative spese.

Anche il sistema di etichettatura si rivela insufficiente, sussistendo nei principali mercati di sbocco del Made in Italy alimentare (Stati Uniti, Giappone, Canada, Australia) l'obbligo d'indicazione del paese d'origine solo per i prodotti importati.
La tutela dell'Indicazione Geografica a livello extraeuropeo risulta debole, circoscritta e difficilmente ottenibile, ma costituisce lo strumento più efficace per arginare l'agropirateria e le varie forme imitative.

Inoltre, la registrazione come marchio di un nome geografico è consentita anche se non c'è relazione tra il luogo e la produzione del prodotto: qualsiasi produttore americano può registrare come marchio un'indicazione geografica italiana, in quanto divenuta segno distintivo delle sue produzioni e quindi con un "secondary meaning".

Ancora, l'Italian sounding non infrange la normativa americana di tutela delle Indicazioni Geografiche e della Proprietà Intellettuale, poiché la legislazione statunitense, tra i prodotti che imitano alcune caratteristiche di un altro, come l'etichetta, la confezione, o persino il logo originale, considera illegittimi solo i "look-alike" che violano i diritti di proprietà intellettuale, industriale, o i marchi che sono ritenuti ingannevoli per i consumatori.

Con ciò, i prodotti cosiddetti "knock-off", non considerati imitazioni confusorie a tutti gli effetti, sono esentati da perseguibilità giudiziaria, poiché non ingannano i consumatori con concorrenza sleale, e andandosi a collocare in una gamma inferiore di prezzo soddisfano quel segmento di domanda non coperta dai prodotti originali.

A livello extraeuropeo si privilegia il principio di concorrenza, per cui non si attribuisce valore all'Indicazione Geografica in quanto tale e non la si protegge con una normativa specifica, perché si considera tale tutela una fonte di ingiusto vantaggio per il prodotto cui è riferita. Mentre, la protezione dell'Indicazione Geografica è concessa solo se si dimostra che essa, alla pari di un marchio commerciale, costituisce un segno distintivo del prodotto, come stabilito dalla Corte di Giustizia delle Comunità Europee.

In definitiva, come evidenziato anche nel capitolo precedente, la disciplina specifica garantisce ampia tutela, applicabile solo negli stati aderenti all'Unione Europea, ed è consentita solo per i prodotti a marchio DOP, IGP, STG. Ma all'infuori della disciplina specifica di tutela dell'Indicazione Geografica, gli strumenti a disposizione per difendere i prodotti dall'agropirateria sono pochi e non sempre efficaci.

Si tratta, in sostanza, degli stessi presenti a livello extraeuropeo, vale a dire il marchio commerciale e l'etichetta. La trasparenza informativa assicurata dall'etichetta, che potrebbe costituire uno strumento di tutela, risulta, però, ancora poco efficace, dato che le regole di etichettatura prevedono l'obbligo di indicazione del luogo d'origine o di provenienza solo qualora la loro omissione possa indurre in errore il consumatore. Ciò consente l'omissione dell'indicazione d'origine, mentre l'adozione di norme più restrittive da parte degli Stati membri sarebbe contraria alla normativa comunitaria.

Perciò, la difficoltà di protezione del Made in Italy impone un più qualificato impegno istituzionale, iniziando dal suo monitoraggio, mentre l'azione di tutela richiede la stipulazione di accordi bilaterali o multilaterali con i paesi di destinazione, limitati ai paesi sottoscrittori e a specifici prodotti, che risultano l'unico mezzo di garanzia effettiva delle Indicazioni Geografiche.

Se un'idonea informazione del fenomeno comporta l'istituzione di strutture specifiche di monitoraggio in seno all'ICE, Istituto nazionale per il Commercio con l'Estero, l'attività di comunicazione collettiva risulta efficace solo se accompagnata dalla collaborazione tra produttori, imprese e autorità istituzionali. L'intervento istituzionale per la lotta all'agropirateria consiste essenzialmente nei controlli doganali, che vengono estesi ai casi di usurpazione dei prodotti alimentari DOP, IGP, STG e vini di qualità.

È sanzionabile "qualsiasi violazione intenzionale del diritto di proprietà intellettuale commessa su scala commerciale, e le relative pene e sanzioni applicabili stabiliscono che, per i reati che minano la sicurezza e la salute delle persone gli Stati della UE è prevista la reclusione, fino ad un massimo di 4 anni, e sanzioni pecuniarie per un massimo di 100 mila euro per i reati minori, e un massimo di almeno 300 mila euro nei casi più gravi".

Per l'Italia è essenziale estendere la tutela delle DOP e delle IGP al di fuori del contesto europeo e degli accordi bilaterali, con i quali l'UE ha sottoscritto norme sul mutuo riconoscimento delle denominazioni di origine, come con la Cina e con la Svizzera. Negli Stati Uniti, invece, ad oggi, non è possibile perseguire legalmente nemmeno gli abusi relativi all'impiego di nomi che identificano DOP e IGP europee, perché non riconoscono il valore internazionale dei marchi.

L'obiettivo verso cui mira la politica europea è l'istituzione di un registro multilaterale di notifica e registrazione delle indicazioni geografiche per tutti i prodotti agroalimentari in ambito WTO, estendendo di fatto a tutti i paesi membri dell'Organizzazione Mondiale del Commercio la tutela del mercato interno comunitario, con un registro obbligatorio e vincolante, dove far confluire tutti i prodotti europei cui sarebbe garantita protezione in tutti i paesi del WTO.

In sede WTO, la questione rientra tra i maggiori temi di negoziazione, ma, mentre per vini ed alcolici vi è l'obbligo di giungere ad un accordo, per gli altri prodotti vi è solo un impegno a discuterne. Il dibattito è soprattutto incentrato su due aspetti: gli effetti legali e le conseguenze della registrazione dell'Indicazione Geografica nel registro multilaterale, e la natura della partecipazione, obbligatoria o volontaria nonché gli effetti della registrazione per i paesi non aderenti.

A complicare la negoziazione vi è il disaccordo tra i Membri in merito all'estensione della protezione aggiuntiva, accordata a vini e alcolici dall'Accordo TRIPS e agli altri prodotti agroalimentari attraverso la "clawback list" presentata dall'Unione Europea, in sede di negoziato agricolo, al fine di ottenerne la protezione dall'agropirateria. Essa si sostanzia in una lista di 41 prodotti agroalimentari europei, tra vini, alcolici e altri prodotti, 14 dei quali italiani, maggiormente oggetto di usurpazioni.

L'Unione Europea chiede il riconoscimento e la tutela da parte dei Membri del WTO delle denominazioni di tali prodotti e dell'esclusività del loro uso per i produttori europei.

La proposta è fortemente contestata da Stati Uniti ed Australia, che la ritengono non necessaria, sostenendo sia un modo mascherato per legittimare barriere non tariffarie e difendere il mercato interno dell'Unione Europea. Questi Paesi considerano la proposta una misura protezionistica contraria alla liberalizzazione degli scambi, e intravedono il rischio che tutto ciò impedisca alle loro imprese di utilizzare marchi commerciali già registrati che contengono o si richiamano a denominazioni di origine protette dal sistema europeo delle DOP, IGP e STG.

Nonostante lo stallo dei negoziati, il dibattito sulla protezione delle Indicazioni Geografiche rimane acceso, ma si ritiene necessaria nel mercato globalizzato, non solo per arginare la contraffazione, quanto per consentire un miglior accesso al mercato, favorire lo sviluppo rurale e la multifunzionalità, nonché lo sviluppo del Made in Italy nel mondo.

L'Italia sta chiedendo da parecchio tempo, anche in sede WTO, questo registro multilaterale, ma, esiste una difficoltà intrinseca, che noi consideriamo una ricchezza, mentre a livello internazionale diventa una difficoltà, ovvero la proliferazione delle denominazioni di origine europee.

3.4 Le Agromafie

Fra i danni che il fenomeno della contraffazione può generare, non va dimenticato il fenomeno delle "Agromafie", ossia la presenza e l'interesse delle associazioni criminali verso le attività economiche dell'agroalimentare.

In quest'opera di infiltrazione, le mafie, anche attraverso la diffusione della rete, approfittano della crisi per penetrare anche nell'imprenditoria legale, controllando in molti territori la distribuzione e talvolta anche la produzione di tanti prodotti agroalimentari, soprattutto frutta e verdura.

Con l'estorsione e l'intimidazione si impone la vendita di determinate marche e determinati prodotti agli esercizi commerciali. Approfittando della crisi economica e delle restrizioni di credito alle aziende, le mafie rilevano direttamente imprese ed attività commerciali: sono almeno 5.000 i locali di ristorazione in Italia direttamente in mano alla criminalità organizzata, nella maggioranza dei casi intestati a prestanome.

Questi esercizi vengono anche utilizzati come centrali per il riciclaggio del denaro sporco. In alcuni casi, affiliati dei clan rappresentano specifici marchi alimentari, imponendo la commercializzazione nella loro zona di influenza attraverso una vasta gamma di reati: usura, racket estorsivo, furti di attrezzature e mezzi agricoli, abigeato, macellazioni clandestine, danneggiamento delle colture, contraffazione e agropirateria, abusivismo edilizio, saccheggio del patrimonio boschivo, caporalato e abusi, e truffe ai danni dell'Unione europea.

Oltre agli investimenti all'estero, succede che i clan acquisiscano direttamente antichi e prestigiosi marchi legati alla storia e alla cultura dei nostri territori, svuotandoli dei contenuti di sapienza, di conoscenza e tradizione, e attraverso essi si veicolino e si commercializzino produzioni dall'origine incerta e spesso pericolosa, così come la provenienza dei capitali impiegati nelle acquisizioni.

Passiamo così dall'Italian sounding all'Italian laundering, con pezzi interi della nostra economia produttiva utilizzati per il lavaggio del denaro sporco. Tante aziende sono prima comprate, poi vendute e poi nuovamente ricomprate.

In questo meccanismo distruttivo basato sul classico Italian sounding e sulle sue forme più raffinate e legali, ma anche sull'agropirateria nelle sue diverse declinazioni, l'Italia è al tempo stesso vittima e colpevole. Si stima che il volume d'affari complessivo dell'agromafia sia quantificabile in circa 14 miliardi di euro l'anno.

Con l'Osservatorio Placido Rizzotto, la Flai Cgil, che da anni studia e combatte contro le agromafie e il caporalato, denuncia come su 1.708 aziende confiscate alle mafie oltre una novantina siano attive in ambito agricolo e che degli 11.238 beni confiscati, ben 2.500 sono terreni con destinazione agricola.

A causa della fragilità del sistema legislativo italiano e alle carenze sul fronte della repressione, le mafie impongono il proprio controllo sulla produzione, il trasporto e la vendita di prodotti alimentari, affermando il controllo sul territorio e sulle persone, anche attraverso lo sfruttamento illecito della manodopera.

Non solo si appropriano di vasti settori dell'agroalimentare e dei guadagni che ne derivano, distruggendo la concorrenza ed il libero mercato legale, ma soffocano l'imprenditoria onesta e compromettono in modo gravissimo la qualità e la sicurezza dei prodotti, con l'effetto indiretto di minare profondamente l'immagine dei prodotti italiani ed il valore del marchio Made in Italy. Abbassano, inoltre, in maniera sistematica, la qualità delle produzioni sotto il limite di sicurezza pur di massimizzare i profitti, anche attraverso lo sfruttamento della manodopera illegale e clandestina e riducendo in schiavitù i lavoratori.

Infatti tanti lavoratori e lavoratrici del comparto agricolo spesso definiti invisibili, in tante realtà, vivono condizioni di pesante sfruttamento e abuso sul lavoro. I lavoratori, uomini e donne, talvolta bambini, devono, spesso, sottostare a orari di lavoro insostenibili, sono sottopagati, abusati e, talvolta, trattati come schiavi dai caporali: Paola Clemente, bracciante agricola morta di fatica, è l'ultima di una lunga lista di lavoratori che perdono la vita nel lavoro nei campi.

Questa assurda situazione di sfruttamento, diffusa nel mondo del lavoro agricolo, oltre che rappresentare una drammatica e inaccettabile violazione dei diritti umani, è una contraddizione radicale, poiché per produrre prodotti di qualità dovrebbe essere necessario un lavoro di qualità.

La qualità del prodotto e qualità del lavoro devono costituire un nesso inscindibile, l'altra faccia della stessa medaglia, dove l'etica e la responsabilità sociale delle imprese e degli imprenditori deve essere la base indiscutibile del valore delle produzioni Made in Italy.

A tal proposito, ha un ruolo importantissimo la Legge 199 sul contrasto al reato del caporalato e sfruttamento del lavoro in agricoltura, che deve trovare piena applicazione attraverso le reti del lavoro di qualità.

Assume e va nella direzione della legalità e della costruzione della corretta e trasparente filiera del lavoro agricolo il recente provvedimento preso dal Governo Conte, relativo alla regolarizzazione dei migranti in agricoltura, grazie al prezioso contributo della Ministra Bellanova, alla quale va un grande plauso per la sua attenzione e sensibilità al tema e alle importanti proposte, mirate al ripristino della legalità e della dignità dei lavoratori in agricoltura per assicurare "il sostegno della filiera della vita".

Va sottolineato da tempo il particolare e attento intervento di studio e di rivendicazione della FLAI CGIL e della CGIL tutta, nel promuovere le filiere di qualità a partire dalle politiche del lavoro contro lo sfruttamento dei lavoratori in agricoltura e il caporalato.

Con il decreto di regolarizzazione e con l'applicazione ed estensione della Legge 199 si compie così un intervento straordinario e una grande conquista di civiltà per il nostro Paese.

Attraverso questi provvedimenti e solo attraverso la conquista della dignità da parte di tutti i lavoratori, si possono realizzare prodotti di qualità nelle nostre produzioni e nelle filiere agricole, in cui, il lavoro rappresenta l'anello primario della catena agroalimentare, il primo tassello del prestigioso Made in Italy.

Tale obiettivo deve avere priorità per la collettività, non solo per i lavoratori interessati, ma anche per i consumatori, per le imprese e per l'intera economia.

CAPITOLO 3: ESTRATTO IN PILLOLE

- PILLOLA n.1. Con il termine agropirateria è definita l'applicazione delle pratiche di contraffazione e imitazione finalizzate a conferire ai prodotti agroalimentari un'identità differente. Si caratterizza per i fenomeni di contraffazione e imitazione dei prodotti Made in Italy, a danno della loro immagine.

- PILLOLA n. 2. Il fenomeno dell'agropirateria costituisce un mercato parallelo, che realizza un giro d'affari superiore a quello dei prodotti autentici, creando pesanti ripercussioni a tutto il sistema economico, alle istituzioni e alle imprese, soprattutto a quelle etiche e responsabili, nonché ai consumatori, ingannati dalla commercializzazione di prodotti che hanno caratteristiche differenti da quelli originali.

- PILLOLA n. 3. Le agropiraterie vanno combattute con tutti gli strumenti, non solo per limitare i danni economici a tutto il sistema e per tutelare i consumatori, ma per sostituirle implementando la legalità delle produzioni e consolidando efficaci politiche di penetrazione del Made in Italy all'estero.

- PILLOLA n. 4. Le agromafie si inseriscono nel sistema agroalimentare incidendo dannosamente sul comparto, attraverso produzioni illegali a basso costo e creando una pericolosa distorsione del mercato. Le agromafie rappresentano un fenomeno da combattere radicalmente perché, anche attraverso la violazione dei diritti umani, rappresentano un ostacolo alla legalità e alla trasparenza della filiera agroalimentare di qualità.

- PILLOLA n. 5. Gli effetti negativi delle Agropiraterie e delle Agromafie si riflettono anche sul lavoro. I lavoratori in agricoltura spesso vivono una condizione di grave sfruttamento e abuso, con condizioni e orari di lavoro insostenibili e con retribuzioni inferiori a quelle previste.

Le donne, in modo particolare, subiscono questa condizione di sfruttamento anche con retribuzioni più basse fino al 30% in meno rispetto agli uomini e purtroppo in tante realtà vivono condizioni insostenibili di abuso e ricatto. Questa condizione va assolutamente superata con l'impegno delle istituzioni, del sindacato e anche delle imprese, per valorizzare e promuovere le aziende etiche ma anche per assicurare attraverso la qualità del lavoro, la qualità delle filiere del Made in Italy.

Capitolo 4:

Come il consumatore tutela il buon mangiare

"Meditate bene: le ore più belle della nostra vita sono tutte collegate con un legame più o meno tangibile, a un qualche ricordo della tavola"
(Charles Pierre Monselet)

Possiamo considerare il consumatore l'ultimo anello della catena agroalimentare: dopo la produzione della materia prima, la trasformazione e la vendita attraverso i vari canali di distribuzione, il prodotto arriva nelle case dei consumatori, che l'hanno acquistato facendo ricadere la scelta su un prodotto piuttosto che un altro nelle varie catene di distribuzione.

Alla base della tutela del consumatore non possiamo non tenere conto di alcuni fenomeni, anche paradossali, che incidono significativamente sulle produzioni agroalimentari a partire dalle materie prime.

La corsa sfrenata alla produzione di cibo, per sfamare nel mondo circa 8 miliardi di esseri umani, cresce ogni anno di 82 milioni ed esercita una forte pressione sulla possibilità di aumento dei beni alimentari anche attraverso l'utilizzo di componenti chimiche e OGM.

Così, le produzioni massive nel settore agricolo e zootecnico sono determinate dall'esigenza di una parte importante della grande distribuzione e di altri canali commerciali, orientati alla quantità pur sacrificando la salubrità del cibo offerto, assolutamente incuranti della provenienza delle materie prime utilizzate nella trasformazione.

Questa prassi comporta conseguenze anche per il prestigioso Made in Italy, poiché, se non completa la filiera di produzione a partire dalla materia prima, rischia di perdere competitività nel mercato locale e globale dove non esiste certezza nella provenienza delle materie prime.

Il Made in Italy agroalimentare, costituito da un patrimonio inestimabile di produzioni presenti nelle 20 regioni che compongono il territorio nazionale, necessita di produzioni agricole il più possibile prive di componenti chimiche che a lungo andare cancellano le varietà vegetali, per poter invece salvaguardare la biodiversità e mantenere la salubrità delle produzioni.

Anche lo spreco alimentare, altro fattore determinante nella qualità del cibo, assume proporzioni gigantesche se consideriamo solo il fatto che in Italia il cibo sprecato dai singoli cittadini, dalla ristorazione, dalla grande distribuzione e dalla filiera produttiva ammonta a circa 15 miliardi di euro l'anno.

Il costo dell'alimentazione del pianeta va oltre ciò che le persone pagano alla cassa all'atto dell'acquisto: c'è un costo molto più alto che riguarda la tutela dell'ambiente, la salvaguardia dell'ecosistema e le risorse che il pianeta è in grado di fornirci.

Questi fattori determinano costi ambientali insostenibili che, uniti al conseguente consumo del suolo, al riscaldamento globale della terra e ai cambiamenti climatici, rappresentano una seria minaccia alle produzioni agricole con importanti ripercussioni sulla qualità e sul prezzo dei beni che acquistiamo e portiamo a tavola.

La GDO. La grande distribuzione organizzata è ormai il luogo, in larga misura, in cui i consumatori acquistano i beni di consumo: al suo interno le strategie di marketing conducono il consumatore, attraverso luci, musica, posizionamenti strategici dei prodotti e offerte promozionali, a compiere le loro scelte, che non sempre sono consapevoli e oculate.

All'interno della GDO possiamo distinguere i supermercati classici tradizionali e i discount, che hanno come target di riferimento soprattutto le famiglie con budget medio basso e scarso potere d'acquisto.

Negli ultimi anni i discount hanno avuto una notevole crescita, costringendo spesso i supermercati tradizionali ad inseguire la politica dei prezzi al ribasso praticata dai discount in una competizione sul prezzo sempre più ardua per accaparrarsi i clienti.

Così si è affermata la percezione che il prezzo più conveniente sia frutto di strategie organizzative tese a fare economie di scala, riducendo i costi per poter proporre prezzi inferiori rispetto al piccolo dettagliante, vittima sacrificale del panorama commerciale. Per il consumatore la percezione è fortemente deformata, in quanto le strategie commerciali del sottocosto, il 3x2 o i prodotti "civetta", proposte dal supermercato servono ad attrarre il consumatore attraverso le tante strategie di marketing emozionale.

Il supermercato conosce i desideri e le debolezze dei suoi clienti e sa bene come catturarli, anche attraverso la collocazione dei prodotti. Non a caso i dolciumi sono vicini alle casse, le bevande gassate sono posizionate nei piccoli distributori anche vicino all'uscita: una ricerca condotta negli Stati Uniti mette in evidenza che le bibite posizionate a fine corsia ha aumentato le vendite del 51,7%.

Anche le carte fedeltà hanno un ruolo strategico di fidelizzazione per accedere a sconti, promozioni speciali e omaggi, infatti in Italia il 74% dei clienti le possiedono. In realtà, le carte fedeltà costituiscono degli straordinari database in quanto forniscono un patrimonio inestimabile di dati sulle abitudini di consumo che vengono poi utilizzate per costruire le strategie future, tracciando ogni cliente sulla base delle sue scelte e passioni, verificando l'impatto delle strategie promozionali, il cambiamento di prezzo e le ripercussioni sul comportamento del cliente.

Attraverso i volantini, che rimangono lo strumento pubblicitario più diffuso, i supermercati attraggono il cliente. Ogni anno vengono stampati in Italia 12 miliardi di volantini, circa 200 all'anno per ogni abitante, che troviamo nella cassetta delle lettere, all'entrata e all'uscita dei supermercati e sono solamente funzionali alla strategia di vendita della GDO.

Tante strategie commerciali sempre più strutturate e indirizzate all'abbassamento dei prezzi, in cui il sottocosto o le promozioni, in particolar modo nei tempi di crisi economica, diventano la miglior strategia di marketing, che da vita ad una battaglia concorrenziale tra le catene GDO nell'accaparrarsi e fidelizzare i clienti.

Si scatena, così, una guerra a colpi di sottocosto e promozioni, in cui il cliente, abbagliato dal risparmio nel riuscire a soddisfare i bisogni della famiglia, non si chiede se il prezzo del sottocosto e delle tante promozioni siano a carico del distributore o degli altri attori del comparto.

Il supermercato è il terminale ultimo di una catena complessa e articolata, in cui per ogni prodotto esiste un lungo processo di produzione: l'agricoltore che ha coltivato la materia prima, l'industriale che l'ha trasformata, il buyer o il rappresentante che coordinano le attività di acquisto in un'ottica di ottimizzazione delle scorte, il bottegaio o il supermercato che vende il prodotto e infine chi l'acquista, cioè il consumatore, l'ultimo anello della filiera o della catena agroalimentare, la cui interazione non è quasi mai pacifica e simmetrica.

Quindi chi paga il prezzo del sottocosto? Per alcuni aspetti pagano le imprese, soprattutto quelle della produzione primaria, e per altri aspetti pagano i consumatori.

Infatti, le imprese produttrici per stare sul mercato, troppo spesso, sono costrette a sottostare alle condizioni della GDO per poter commercializzare i loro prodotti, subendo le strategie del sottocosto o delle promozioni. Inoltre, sono tenute, all'interno dei contratti, a pagare contributi di vario genere relativi ai servizi che le catene GDO mettono a disposizione dei fornitori come il listing fee, una somma da versare per ogni prodotto che viene messo nello scaffale a seconda della posizione voluta nel punto vendita.

I grandi gruppi non pagano le listing fee, perché il supermercato non potrebbe esistere senza la presenza di importanti grandi aziende, mentre, le piccole e medie imprese devono pagare la corvèè per vedere esposti i loro prodotti negli scaffali, perché da quelle vendite può dipendere la loro sopravvivenza.

Oltre questo, sui fornitori gravano altri costi per l'apertura del punto vendita: gli sconti e le promozioni hanno un'incidenza negativa pesante di circa il 25% sul guadagno del fornitore, da sommarsi ovviamente a tutti i costi di produzione.

Un effetto importante di tale guerra dei prezzi è che è sfumata la percezione del giusto valore di un prodotto alimentare di qualità, perdendo il gusto e l'attenzione alla specificità e differenziazione del prodotto.

Per guadagnarsi la fiducia del consumatore, la GDO ha inventato anche i private label, cioè la produzione con i marchi del distributore che permettono di fidelizzare il cliente, con costi di produzione inferiori avendo già il loro canale di vendita a disposizione e non dovendo sostenere costi di pubblicità e promozione.

Ma c'è ancora di peggio: le aste elettroniche al doppio ribasso, ultima frontiera dei rapporti verticali tra GDO e produttori agroalimentari, durante le quali il discount mette in competizione i vari produttori per strappare il prezzo più basso possibile, promuovono una vera e propria gara tra i fornitori.
Nel giro di qualche minuto, i diversi marchi devono dire sì o no a una commessa importante e decidere se e quanto deprezzare il proprio prodotto per aggiudicarsi la commessa e stare sul mercato, prendendo una decisione che influenzerà la loro produzione e avrà effetti negativi su tutta la filiera, generando una distorsione del mercato. Perché non ci chiediamo cosa c'è dietro una bottiglia di passata di pomodoro da 39 centesimi?

C'è senza dubbio il rischio della perdita della qualità e della sicurezza alimentare dei prodotti che portiamo a tavola. Ma, c'è anche il rischio crescente della perdita delle produzioni di filiera per via dell'insostenibilità economica della stessa. Infatti, i costi che vengono scaricati sulle aziende di produzione hanno pesanti conseguenze sui produttori, chiamati a risparmiare progressivamente, spesso per la loro sopravvivenza, sul costo del lavoro e sulle materie prime.

Così, con un effetto a cascata, ogni attore della filiera finisce per rivalersi su quello più debole: le aziende, strozzate dai prezzi che la CGO impone, cercano di ottenere il prodotto agricolo a prezzi più bassi e i produttori risparmiano sul costo del lavoro con lo sfruttamento nei campi costruendo, così, un "collo di bottiglia" che impedisce agli agricoltori di fare reddito obbligandoli a cercare mezzi alternativi per poter sostenere i costi.

Il cliente consumatore. Il consumatore, nel soddisfare i suoi bisogni attraverso l'acquisto del prodotto, condiziona il mercato, dato che la sua scelta, consapevole o meno rispetto alla qualità o alla sicurezza alimentare, costituisce la domanda dei prodotti. A questo proposito, possiamo individuare diverse tipologie di clienti "consumAttori" a cui ognuno di noi può appartenere, a seconda del momento della vita, della situazione economica, delle influenze che subisce o della voglia di soddisfazione e appagamento.

- **il cliente cacciatore** è colui che ha un budget limitato, rappresentante di un ceto impoverito dalla crisi, e non ha o non può avere un grande interesse per la qualità. Ha necessità di contenere i costi, perciò, si sposta da una catena all'altra a caccia di offerte e normalmente è cliente del discount: ciò che governa i suoi acquisti è il prezzo e la necessità di controllare le spese, viene attratto dai sottocosto e da tutte le forme promozionali che ha pure il tempo di cercare e selezionare.

- **il cliente pragmatico** non perde tempo, non si fa travolgere dalle proposte, va dritto verso quello che deve comprare guardando alle caratteristiche del prodotto e al prezzo. È di media età e vive in centri piccoli o medie dimensioni. Prevalentemente è donna, madre, ha una istruzione medio e tende ad acquistare al prezzo minore, ma, a differenza del cacciatore, rimane fedele più per consuetudine che per convenienza economica.

- **il cliente prudente** è attento al prezzo ma ha un forte bisogno di rassicurazione, va alla ricerca della qualità e della tracciabilità alimentare. Normalmente di età medio alta e titolo di studio medio basso, si affida a fonti che considera affidabili, come gli amici o la pubblicità o i negozianti, per essere consigliato. Diffida di nuovi prodotti e ha alcune marche di riferimento.

- **il cliente esperto** che legge le etichette, si informa, ha una istruzione medio-alta, sceglie con oculatezza e pone attenzione al rapporto qualità-prezzo, senza farsi influenzare da promozioni accattivanti o tranelli del marketing. La spesa è un processo di scelta consapevole, per questo si informa ed è fedele a un punto vendita che ritiene affidabile, dove acquista la marca del distributore e cerca la garanzia della qualità e prezzo non eccessivo.

- **il cliente brand Fan** non ha problemi di budget, vuole il meglio, va alla ricerca della marca per principio di scelta perché ritiene importante sentirsi appagato. È particolarmente attratto da elementi di pubblicità e di marketing che rispondono ad un alto bisogno di socialità.

Questa curiosa classificazione del cliente mette in evidenza la differenza di approccio a seconda del tipo di bisogno che il cliente deve soddisfare e della sua condizione di vita, ma ci conduce a due importanti riflessioni: la prima mette in risalto le differenti condizioni economiche esistenti nel Paese che impongono ad una parte della popolazione e al "consumAttore" un ruolo meno attivo nelle possibilità di scelta, mentre la seconda vede il "consumAttore economicamente agiato come soggetto attivo, attraverso la cui scelta si costruisce la domanda di produzione di qualità. Entrambi però possono orientare il mercato e condizionare la produzione e l'offerta dei beni.

Se l'offerta delle produzioni subisce delle distorsioni a causa dei fenomeni di contraffazione e imitazione e delle strategie della GDO, il consumatore qualunque sia la sua condizione economica deve avere comunque un ruolo attivo nella scelta, per tutelarsi e sottrarsi a questo sistema che vede una competizione sfrenata sul prezzo a discapito della qualità.

Perciò, il cliente "consumAttore" deve agire con attenzione e oculatezza nella scelta dei prodotti che porta in tavola e nella ricerca del cibo di qualità. Ecco perché svolge un ruolo strategico l'informazione e l'educazione alimentare – che nessuno ci insegna ma che dovrebbe essere un compito istituzionale – a tutela del Made in Italy e delle produzioni di qualità, ma anche nell'interesse dei consumatori e della loro sicurezza alimentare.

Un'alimentazione sana, corretta ed equilibrata migliora lo stato di salute e rafforza le difese immunitarie, prevenendo le malattie.
Sia il Piano sanitario nazionale sia il Programma Europeo per la protezione dei consumatori attribuiscono grande importanza all'informazione e all'educazione alimentare della popolazione. Inoltre, la campagna Europea di informazione sulla sicurezza alimentare si estende dai requisiti igienico-sanitari della dieta a quelli nutrizionali, perché il benessere delle persone è largamente collegato alle abitudini alimentari e allo stile di vita.

Perciò, è importante promuovere ogni iniziativa possibile per tutelare i consumatori, attraverso la divulgazione di una corretta informazione relativa all'origine, alla tracciabilità e alla sicurezza alimentare, che si deve tradurre in una spesa oculata e in una scelta consapevole di prodotti di qualità possibilmente certificati Made in Italy.

È necessario che già la scuola primaria sia impegnata nella creazione e trasmissione di una cultura del consumo delle produzioni locali, del buon cibo e della cucina italiana in tutti i luoghi e contesti possibili, per far sì che l'arte del *cumvivere* sia vissuto ogni giorno con gusto, come uno stile di vita e come una vera e propria filosofia.

4.1 La tutela della qualità dei prodotti agroalimentari

La tutela della qualità agroalimentare è, in sede europea, un completamento della politica di sviluppo rurale e delle politiche di sostegno dei mercati e dei redditi, nell'ambito della politica agricola comune: rappresenta per l'Italia uno dei principali obiettivi della politica agroalimentare, considerato che, il nostro, è il Paese in Europa che vanta il maggior numero di prodotti a marchio registrato.

La disciplina sull'etichettatura dei prodotti e sull'informazione ai consumatori costituisce un aspetto della qualità del prodotto. Per rafforzare la tutela del consumatore, l'Italia ha implementato la legislazione europea con la Legge 4/2011, prevedendo l'indicazione obbligatoria sull'etichetta dell'origine della materia prima per i prodotti agricoli, ai fini della tutela della qualità e della relativa autenticità del prodotto stesso.

Al fine di assicurare una completa informazione ai consumatori, la norma ha disposto l'obbligo per i prodotti alimentari commercializzati, parzialmente trasformati o non trasformati, di riportare nell'etichetta anche l'indicazione del luogo di origine o di provenienza.

L'indicazione riguarda il luogo in cui è avvenuta l'ultima trasformazione sostanziale e il luogo di coltivazione e allevamento della materia prima agricola prevalente utilizzata nella preparazione o nella trasformazione. Per assicurare il rispetto delle norme sono previste sanzioni amministrative pecuniarie fra 1.600 e 9.500 euro per i prodotti non etichettati.

La legge specifica i contenuti relativi all'etichettatura:

- è obbligatorio riportare nell'etichetta dei prodotti alimentari commercializzati, trasformati e non, l'indicazione del luogo di origine o provenienza e l'eventuale utilizzazione di ingredienti in cui vi sia la presenza di OGM in qualunque fase della catena alimentare, dal luogo di produzione iniziale fino al consumo finale;

- per i prodotti alimentari non trasformati, l'indicazione del luogo di origine riguarda il paese di produzione dei prodotti, mentre per i prodotti alimentari trasformati l'indicazione riguarda il luogo in cui è avvenuta l'ultima trasformazione sostanziale e il luogo di coltivazione e di allevamento della materia prima agricola prevalente utilizzata nella preparazione e nella produzione di prodotti;

- sono, inoltre, definiti, relativamente a ciascuna filiera, i prodotti alimentari soggetti all'obbligo di indicazione, nonché il requisito della prevalenza della materia prima agricola utilizzata nella preparazione.

La norma definisce le categorie specifiche di alimenti in cui l'indicazione del luogo di provenienza è assolutamente obbligatoria. Gli Stati membri possono, comunque, adottare ulteriori disposizioni per almeno uno dei seguenti motivi:

- protezione della salute pubblica;

- protezione dei consumatori;

- prevenzione delle frodi;

- protezione dei diritti di proprietà industriale e commerciale, delle indicazioni di provenienza, delle denominazioni di origine controllata e repressione della concorrenza sleale.

4.2 Il travagliato iter per l'etichettatura

Il Regolamento 1169/2001 si estende a tutto il territorio dell'Unione Europea e ciò consente un'armonizzazione dell'etichettatura chiara e precisa e facilmente comprensibile per il consumatore.

Tra le informazioni obbligatorie da mettere in etichetta ora troviamo quelle nutrizionali che dovranno riportare le seguenti voci: valore energetico, quantità di grassi, acidi grassi saturi, carboidrati, zuccheri e proteine.

Il contenuto della dichiarazione nutrizionale obbligatoria potrà essere integrato con l'indicazione delle quantità di uno o più dei seguenti elementi: acidi grassi monoinsaturi, acidi grassi polinsaturi, polioli, amido, fibre, i sali minerali o le vitamine se presenti in quantità significativa. Gli allergeni dovranno essere dichiarati nell'elenco ingredienti ed evidenziati con caratteri grafici particolari (dimensioni, stile, colore dello sfondo).

La dichiarazione degli olii vegetali quali ingredienti dovrà essere accompagnata dalla specifica del tipo di olio (palma, colza, girasole, ecc.). Per quanto riguarda le indicazioni su base volontaria devono essere conformi ai requisiti: non devono essere né ambigue né confuse, non devono dunque indurre in errore il consumatore e devono essere basate sui dati scientifici pertinenti.

Viene anche precisata la differenza tra "luogo di provenienza", inteso come il Paese da dove proviene l'alimento, e "Paese di origine", inteso come Paese dove ha subìto l'ultima trasformazione sostanziale. Inoltre, è obbligatorio indicare in etichetta soltanto l'azienda produttrice, con riferimenti geografici per la sua localizzazione, mentre va a scomparire l'indicazione dello stabilimento specifico di produzione, qualora diverso da quello dell'azienda produttrice.

Un effetto positivo della nuova etichettatura è che obbliga ad indicare la provenienza degli ingredienti agricoli qualora la descrizione e/o l'illustrazione dell'alimento possa indurre in errore, infatti uno dei tipici casi di contraffazione dei prodotti nazionali è quello della bandiera italiana apposta su prodotti realizzati in altri Paesi.

Il tema dell'obbligatorietà dell'origine dei prodotti e l'indicazione di origine in etichetta non può avere un effetto miracolistico sul piano competitivo e risolutivo finché il consumatore non percepirà concretamente che a tale caratteristica si accompagna una qualità più alta del prodotto.

Non basta segnalare il "marchio" di un prodotto, ma questo deve essere "100% italiano" e deve diventare una componente imprescindibile del prodotto che se ne fregia. Diventa "marca", infatti, quel "marchio" che riesce a trasmettere al consumatore una serie di messaggi di fiducia e sicurezza che lo tutelano sulla qualità del prodotto e sulla serietà ed eticità dell'azienda che lo produce, così da farglielo focalizzare nella sua scala di preferenze.

Il Ministero delle Politiche Agricole, Alimentari e Forestali conduce apposite campagne di promozione dei sistemi di etichettatura previsti: le diciture sull'origine riportate in etichetta devono figurare in modo visibile, essere facilmente leggibili ed essere indelebili. Per le violazioni degli obblighi previsti in etichetta si prevede una sanzione amministrativa pecuniaria da 1.600 a 9.500 euro.

La norma prevede alcuni principi e criteri specifici:

- la previsione obbligatoria della sede dello stabilimento di produzione o se diverso, di confezionamento, in riferimento alle sole produzioni nazionali di alimenti;

- la revisione della disciplina delle sanzioni, accentrando la competenza nel Dipartimento dell'Ispettorato centrale della tutela della qualità e della repressione frodi dei prodotti agroalimentari del Ministero delle Politiche agricole alimentari e forestali.

Il Governo è intervenuto anche sull'indicazione obbligatoria nell'etichetta della sede e dell'indirizzo dello stabilimento di produzione o se diverso, di confezionamento. Sono introdotte specifiche sanzioni di natura amministrativa consistenti nel pagamento di una somma da 2.000 a 15.000 euro in caso di:

- omessa indicazione della sede di stabilimento o di confezionamento sul preimballaggio o sull'etichetta ad esso apposta o sui documenti commerciali;

- omessa punzonatura o apposizione di altro segno dello stabilimento effettivo qualora l'impresa disponga di più stabilimenti;

- indicazione della sede di stabilimento o di confezione in modo difforme dalla norma.

Paradossalmente, l'obbligo di indicare in etichetta la sede di stabilimento o di confezionamento non si applica ai prodotti preimballati che provengono da un altro Stato membro dell'Unione europea o dalla Turchia né ai prodotti provenienti da uno Stato membro dell'Associazione europea di libero scambio (EFTA), per via della c.d. clausola di mutuo riconoscimento.

4.3 La percezione della qualità

La valutazione della qualità di un prodotto agroalimentare è un concetto complesso e multidimensionale che deriva dalla moltitudine di caratteristiche e attributi che un bene possiede, e viene valutato a seconda delle caratteristiche e dei bisogni dei consumatori.

Per il consumatore la percezione della qualità non è, né può essere, univoca: è generalmente definita come la capacità di un dato bene o servizio di soddisfare i bisogni espressi o latenti dei consumatori e/o dei clienti.

Ma i prodotti alimentari non possono essere pienamente valutati dal punto di vista qualitativo se non dopo il consumo e, in molti casi, nemmeno dopo di esso. Infatti, sono considerati dei "beni-esperienza" (experience goods), nel senso che il loro livello qualitativo e le loro caratteristiche possono essere conosciute soltanto mediante un'esperienza diretta o conseguente al consumo.

Perciò, le etichette dei prodotti hanno un valore cruciale e svolgono pienamente il ruolo di informare correttamente e utilmente il consumatore, almeno con riferimento ad alcune caratteristiche sperimentabili dopo che i consumatori hanno imparato, nel tempo, ad abbinare le caratteristiche del prodotto alle informazioni in etichetta.

Inoltre, rispetto alle caratteristiche qualitative, gli alimenti si comportano come "beni fiducia", nel senso che certe caratteristiche non possono essere conosciute con certezza prima, ma, talvolta, nemmeno dopo l'esperienza di consumo.

Si pensi al contenuto di additivi, conservanti o sostanze utili alla salute, al contenuto in residui, oppure al rispetto di determinate modalità produttive, ma anche all'origine e alle caratteristiche qualitative o agli indicatori di sostenibilità ambientale.

Con riferimento a queste caratteristiche, è sulla base della fiducia nei marchi o nelle informazioni in etichetta, o della garanzia di produzioni da aziende etiche, o in altri elementi che indirettamente comunicano una certa "reputazione" del prodotto, che il consumatore deve indirizzare le sue decisioni e compiere la scelta di acquisto consapevole di un prodotto piuttosto che di un altro, senza permettere che qualcuno abusi della sua fiducia attraverso le asimmetrie informative.

Ecco perché il "consumAttore" deve avere un ruolo attivo, essere l'attore del mercato e l'artefice della sua qualità di vita, che inizia dalla salubrità e sicurezza della sua alimentazione e del buon mangiare.

CAPITOLO 4: ESTRATTO IN PILLOLE

- PILLOLA n. 1. Il consumatore, considerato l'ultimo anello della catena agroalimentare e il punto d'arrivo delle produzioni agroalimentari, è colui sul quale si scaricano tutte le criticità del pianeta e le distorsioni della filiera, con tutte le strategie concorrenziali, e che spesso paga il costo di un prodotto atteso ma non percepito, anche a causa delle asimmetrie informative.

- PILLOLA n. 2. Nelle scelte del consumatore hanno un ruolo strategico le politiche commerciali e di marketing della grande distribuzione che catturano l'attenzione del consumatore e la indirizzano secondo una competizione spesso basata sul prezzo a discapito della qualità.

- PILLOLA n. 3. La guerra dei prezzi sostenuta dalla GDO comporta spesso una concorrenza sleale attraverso varie forme di sconti e promozioni e fenomeni anche estremi, come le aste. Queste politiche concorrenziali si traducono anche in un abbassamento della qualità delle risorse della filiera, relativamente alle materie prime e alla forza lavoro, nonché in un'omologazione e indifferenziazione delle produzioni a discapito della qualità e specificità.

- PILLOLA n. 4. La qualità e la sicurezza alimentare devono essere un diritto per il "consumAttore" che con le sue scelte condiziona il mercato, e a salvaguardia della sua salute e sicurezza alimentare deve compiere delle scelte oculate attraverso la ricerca del marchio Made in Italy, delle certificazioni e dei marchi di tutela della qualità.

- PILLOLA n.5. È necessario modificare radicalmente il modello esistente, combattere le asimmetrie informative attraverso una capillare informazione e valorizzazione del Made in Italy e un'adeguata cultura e educazione alimentare in tutti i contesti familiari e sociali possibili, a partire dalla scuola primaria e dall'educazione delle giovani generazioni.

Capitolo 5

Come un'impresa può fare un salto di qualità

"A tavola perdonerei chiunque. Anche i miei parenti"

(Oscar Wilde)

La limitata efficacia delle azioni intraprese nella lotta all'agropirateria, sia sotto il profilo giuridico che istituzionale, rivaluta il ruolo delle imprese e tutte le potenzialità connesse ai mercati internazionali.

Sotto questo profilo, infatti, il fenomeno dell'agropirateria può prestarsi ad una lettura positiva: rappresenta una grande opportunità di crescita per le imprese italiane, che si deve concretizzare al più presto nell'appropriazione, da parte dei prodotti Made in Italy, dei potenziali spazi di mercato creati dalla globalizzazione, attraverso diverse strategie competitive che per prime vedono la costruzione di aziende performanti.

5.1 Linee guida per una azienda positiva

Per poter competere sul mercato globalizzato, ora più che mai, è necessario individuare nuovi modelli organizzativi e produttivi in grado di costruire aziende positive, competitive e pronte ad affrontare le sfide del mercato, partendo da una condizione di efficacia ed efficienza e guardando l'azienda in un'ottica sistemica, multifunzionale, e anche in chiave psicologica, perché i lavoratori sono persone.

Si può raggiungere l'obiettivo della qualità individuando un modello di principi e valori aziendali che costituiscono la base per la creazione dell'azienda positiva e competitiva. In questo senso, assume un rilievo fondamentale il benessere organizzativo, in cui l'etica, il senso e il significato del lavoro sia per la persona che per l'impresa, e la valorizzazione della persona, delle differenze della libertà e volontà, nonché la promozione dell'innovazione e del cambiamento, hanno un valore strategico trasversale per ciascun fattore aziendale.

La cultura organizzativa è connessa alla presenza umana, essendo il prodotto di idee, pensieri e dei valori delle persone che ne fanno parte o che ne hanno fatto parte, costruendo la storia e l'anima dell'organizzazione come un telaio che consente alle persone di riconoscersi in quella cultura.

Rappresenta un sistema di valori condivisi, un codice di comportamento che le persone possono utilizzare per un obiettivo determinato e individuato, che si trasmette ai molteplici aspetti della performance organizzativa, interna ed esterna, ed è strettamente collegato alla cultura della sicurezza, come un impegno etico, agito spontaneamente dai membri dell'organizzazione.

Il clima organizzativo si riferisce all'aria che si respira, alle percezioni condivise delle politiche e delle procedure formali ed informali presenti all'interno di una organizzazione. È determinato da una serie di variabili, che permettono di costruire relazioni caratterizzate da fiducia reciproca e collaborazione o il verificarsi di conflitti, che, comunque, adeguatamente gestiti, possono trasformarsi in potenzialità, influendo positivamente sul livello di performance aziendale.

Nel clima organizzativo influiscono diversi elementi, quali la comunicazione, il contratto psicologico, l'informazione, la condivisione degli obiettivi, la volontà e la responsabilità, sia individuale che organizzativa, e la valorizzazione della persona.

La leadership si riferisce a un'influenza, non coercitiva, nel dirigere e coordinare le attività dei membri di un gruppo verso il raggiungimento degli obiettivi, il mantenimento del livello di impegno e di tensione, l'appartenenza alla organizzazione. La leadership è una componente fondamentale, in particolare per quanto riguarda la relazione tra gestione e cambiamento: risulta oltre modo attuale in uno scenario imprenditoriale caratterizzato da forti cambiamenti, instabilità, competitività e concorrenza.

Il management ha l'importante ruolo e capacità di creare la struttura dell'azienda, elaborando e ponendo in essere programmi realistici, stimolando e sostenendo speranza e ambizione, considerando priorità e strumenti di intervento e condividendoli con i collaboratori, stimolando la partecipazione attiva e costruttiva degli stessi.

La responsabilità sociale d'impresa può essere definita come l'integrazione volontaria, da parte delle imprese, di obiettivi sociali e ambientali nelle relazioni con i soggetti coinvolti. L'impresa responsabile deve far confluire le proprie capacità etiche, organizzative e tecniche nel miglioramento complessivo delle condizioni delle persone e dei luoghi in cui opera.

Ciò si traduce nella responsabilità economica, ma anche di indirizzo, di prospettiva, di speranza per il futuro. L'impresa deve avere un ruolo nel territorio, deve costituire un motore di sviluppo e di sostegno collettivo, con una sorta di circolarità: non è un costo, è un investimento: dall'impresa alla persona, dalla persona all'impresa.

La sostenibilità possiamo definirla come la capacità di garantire i bisogni delle generazioni attuali senza compromettere la possibilità che le generazioni future riescano a soddisfare i propri. Si sviluppa negli anni 70 con la presa di coscienza che l'utilizzo umano delle risorse naturali stava raggiungendo il limite e costituiva un livello di allarme per il sistema.

La sostenibilità si declina in quattro componenti che vanno a costruire lo sviluppo sostenibile:

- La sostenibilità economica è la capacità di generare reddito e lavoro per il sostentamento;

- La sostenibilità sociale è la capacità di garantire condizioni di benessere umano (sicurezza, salute, ecc.);

- La sostenibilità ambientale è la capacità di usufruire, con rispetto e responsabilità, delle risorse naturali;

- La sostenibilità contestuale è la capacità di assicurare condizioni di stabilità, democrazia, partecipazione e giustizia.

La formazione la definiamo come un percorso necessario per accrescere e sviluppare le competenze lavorative, che possono avere una natura multidimensionale e scaturire dall'interazione di molteplici fattori di natura cognitiva, affettiva, sociale e pratica. Ha importanza cruciale e trasversale laddove si voglia incidere positivamente sul benessere che le persone sperimentano nel luogo di lavoro, accresce le competenze tecnico-specialistiche e le competenze trasversali, rafforzando in questo modo la capacità di scelta, di autodeterminazione, e autoregolazione, sviluppando, contemporaneamente, il sentimento di autoefficacia e appartenenza.

La qualità totale è il risultato del connubio tra "qualità" del prodotto, del servizio, del lavoro, e nasce dalla partecipazione di tutti gli operatori al ciclo produttivo, dal loro protagonismo e creatività, dalla fiducia nei vertici e nell'organizzazione, e dalla partecipazione proattiva ai processi di miglioramento e innovazione.

Oltre ad un asset interno, l'azienda positiva dovrà costruire una serie di relazioni e strategie esterne funzionali ad affrontare il mercato:

- **Incentivare l'offerta delle filiere di produzione** con un processo produttivo tracciato rispetto alla qualità e all'origine di provenienza delle materie prime.

- **Incentivare l'offerta delle produzioni certificate** necessaria per le aziende agroalimentari nostrane: un commercio internazionale basato sulle certificazioni rende inidonea la competizione con quelle di basso livello qualitativo e prezzi contenuti.

- **Incentivare strategie di comunicazione collettiva** consentono la riduzione delle asimmetrie informative tra l'offerta e la domanda.

- **Promuovere politiche commerciali collettive** per sopperire alla carenza di risorse finanziarie e strategie non remunerative.

- **Promuovere attivamente le imprese** attraverso azioni di valorizzazione e promozione commerciale dei prodotti di qualità.

- **Gestire il rapporto con il consumatore** e la capacità di soddisfare le sue aspettative costituiscono il presupposto delle possibili strategie di penetrazione nei mercati esteri.

- **Gestire strategie concorrenziali a livello internazionale** con strategie di penetrazione in mercati differenti, necessarie per la remunerazione degli ingenti costi che le imprese devono sostenere per l'implementazione di strategie globali.

- **Favorire l'aggregazione tra imprese esportatrici** attraverso le diverse forme di associazione tra imprese e consorzi: utile per rafforzare la struttura e l'elaborazione di strategie di sistema, con azioni comuni di diversificazione, tutela e valorizzazione delle produzioni.

In tale contesto, l'articolazione strategica della molteplicità di azioni deve coordinarsi con le specifiche attività di comunicazione e promozione, e con la particolare politica condotta verso i canali distributivi.

Infatti, il miglioramento della qualità del prodotto non può dissociarsi da quello della sua valorizzazione, al fine di attenuare l'asimmetria informativa col consumatore. Perciò, risultano utili tutti gli elementi che sottolineano la differenziazione dei prodotti, accanto alle azioni di certificazione della qualità, quali la ricercatezza del packaging e delle informazioni rese sull'etichetta.

I distributori rivestono un ruolo fondamentale nel successo commerciale. Se opportuna appare la distinta collocazione dei prodotti originali, rispetto ai contraffatti, è la convinzione del distributore sulla convenienza ad investire nel prodotto autentico ad aumentare la visibilità. Mentre, l'evidenza dei rischi di diminuzione delle vendite dei falsi e la ricaduta del giudizio negativo del consumatore – qualora la qualità percepita non fosse conforme a quell'attesa – potrebbero costituire ulteriori incentivi a premiare gli autentici.

Perciò, l'accordo con le catene distributive è di importanza fondamentale, poiché consente la possibilità di commercializzare i prodotti originali su larga scala, facendo leva sull'ampia quota di domanda non ancora soddisfatta.

5.2 Strategie di internalizzazione del Made in Italy

La valorizzazione del Made in Italy nel mercato globale rappresenta una priorità assoluta, una sfida importante, che richiede una stretta collaborazione tra istituzioni pubbliche e sistema delle imprese, nonché un impegno del nostro Paese in campo Internazionale per fronteggiare l'atteggiamento di liberalizzazione registrato in seno al WTO, attraverso una decisa strategia di internazionalizzazione del Made in Italy.

La crisi economica globale ha avuto delle gravi ripercussioni sull'industria italiana, tanto da poter segnalare due recessioni significative, per durata, natura e intensità, in poco più di un decennio:

- la prima è stata quella del 2008-2009, caratterizzata dalla bancarotta della Lehman Brothers, che ha trascinato nel baratro l'economia mondiale, con la conseguenza, per quanto ci riguarda, della caduta dell'export (-2,7%);

- la seconda, invece, nel 2011 ed ha visto il crollo del Pil (-2,4%) e della domanda interna (-3,6%) nel 2012, nonostante le esportazioni siano cresciute in maniera soddisfacente, segnando un +5,1%.

La crisi economica globale ha anche messo in moto un andamento tendente al ribasso, tale da determinare degli effetti economici ed occupazionali preoccupanti che si sono protratti nel tempo.

Gli effetti della situazione sono stati percepiti dalle piccole e medie imprese ma anche da quelle di grandi dimensioni, più competitive, esposte a mercati esteri, con strategie significative di internalizzazione, poiché hanno dovuto superare difficoltà di accesso al credito e allo stagnamento della domanda internazionale, in particolare quella europea.

Nonostante ciò, la domanda estera ha dimostrato, in questi ultimi anni, di essere in forte crescita e di poter risollevare la situazione critica delle imprese italiane. A causa del lockdown, causato dall'emergenza coronavirus, si paventa una battuta d'arresto dell'economia italiana e mondiale non ancora quantificabile, ma che si prospetta drammatica.

Le ingenti risorse messe a disposizione dal Governo possono far sperare in un'iniezione di vitalità al sistema economico italiano, per ripensare un modello di sviluppo strutturato, sostenibile e basato su nuovi modelli organizzativi, magari ripensando i distretti che sono stati alla base dello sviluppo industriale in Europa, nonché favorire la produzione e commercializzazione nel mondo del vero Made in Italy di qualità.

L'internazionalizzazione in Italia non ha mai raggiunto quote importanti, per via della caratteristica delle piccole e medie imprese che compongono il nostro tessuto produttivo.

L'Italia necessita di un complesso di interventi volti a migliorare o a mantenere nel tempo l'adeguatezza operativa di un sistema, specie in riferimento a impianti e strutture produttive nel campo agroalimentare. Non potrà mai caratterizzarsi per le grandi imprese multinazionali presenti al suo interno in numero limitato, mentre può diventare il paese delle medie imprese multinazionali che riescono a raggiungere buone performance e buoni livelli di fatturato grazie alla loro tendenza al continuo up grading verso livelli e tipologie internazionali più evolute.

Questo processo favorirebbe non solo un aumento del livello occupazionale e del valore aggiunto delle singole aziende, ma anche una crescita economica considerevole e necessaria dell'intero paese.

5.3 L'Italia e le possibilità di crescita nei mercati internazionali

In questi anni le imprese globali sono riuscite a difendersi dagli effetti della crisi perché orientate maggiormente verso i mercati esteri che presentano grandi opportunità sia nei paesi sviluppati, come gli Usa, in cui la domanda dei prodotti Made in Italy può crescere in maniera esponenziale per via della competitività sulla qualità delle produzioni nei paesi emergenti, BRICS, che, a partire dalla fine degli anni 80, presentano una crescente domanda di prodotti di qualità.

Infatti, gli anni Novanta sono stati caratterizzati dalla crescita di quei paesi, BRICS, che erano i principali destinatari delle strategie di internazionalizzazione, con notevoli aumenti dei flussi di investimento, soprattutto in Cina, Brasile, Russia, India, e Sudafrica, a discapito dei paesi più avanzati, che negli ultimi anni hanno ridotto fortemente la loro attrattività.

In un contesto così competitivo non mancano delle opportunità e delle situazioni vantaggiose che l'Italia deve riuscire a cogliere, attraverso la valorizzazione delle eccellenze italiane e del suo grande patrimonio agroalimentare, indirizzando l'offerta verso quei paesi emergenti, che, nonostante la loro condizione di sviluppo, soffrono ancora di un ritardo storico dal punto di vista dell'industrializzazione e della sicurezza.

I Paesi aderenti al BRICS si distinguono per essere il polo di attrazione dei larghi consumi, e questo è dovuto alle loro dimensioni continentali, in quanto rappresentano oltre il 40% della popolazione mondiale. Basta pensare che, sommando il numero degli abitanti di Cina 1.344 miliardi e India con 1241miliardi, si raggiunge circa un terzo della popolazione globale.

Un'altra considerazione va fatta sulla crescita potenziale della classe media, soprattutto dei nuovi ricchi intenzionati ad affermarsi con un certo spirito di predominanza rispetto alla classe tipica dei paesi sviluppati. Si stima che la classe media raggiungerà globalmente 4,9% miliardi nel 2030 e pressoché l'85% proverrà dall'Asia, in particolar modo da Cina e India, in cui aumenta in modo esponenziale il livello d'istruzione.

La fascia intermedia nel continente asiatico, costituita nel 2000 dal 10% della popolazione mondiale, raggiungerà il 40% nel 2040 fino a dilatarsi a più della metà nel mondo nel lungo termine.

È possibile che le conseguenze della pandemia modifichino questo scenario, ma l'ascesa di questa classe medio-alta, proveniente dai grandi centri urbani e proiettata a far emergere il proprio status, comporterà maggiore attenzione verso quei prodotti di classe, belli e ben fatti, marchiati dai famosi brand delle eccellenze del lusso e della cultura italiana, che possono soddisfare la nuova classe di consumatori più sensibili alla qualità piuttosto che al basso prezzo.

Perciò, il calo dei consumi che si prospetta in Europa deve essere la spinta propulsiva per le imprese italiane ad espandersi verso i mercati esteri, attivando un circuito di sviluppo internazionale teso a costruire modelli performanti che rendano le imprese solide e competitive, senza perdersi in strategie improvvisate, e affermando, così, modelli produttivi strutturali e competitivi.

L'internalizzazione è perciò una scelta dettata dall'esigenza di costruire nuove opportunità oltre i confini nazionali, dalla tenacia di espandere le proprie attività, il valore del proprio brand, ma anche dalla necessità di dare prospettive future alla vita aziendale anticipando o perseguendo le tendenze dei nuovi mercati globali.

Il modello di internazionalizzazione prima riguardava solo le imprese più strutturate e di grandi dimensioni, ora, a seguito dei processi di globalizzazione, qualsiasi tipo di azienda è chiamata a confrontarsi con esso, per garantire la propria sopravvivenza o per godere dei benefici competitivi.

In ogni caso, il processo di internazionalizzazione permette anche alle imprese più piccole di proiettarsi in uno scenario di crescita, sia della propria immagine che dei profitti, e può essere considerato come uno strumento che facilita l'acquisto di nuove conoscenze e competenze know how, funzionali ad un processo di sviluppo continuo.

5.4 L'internazionalizzazione del Made in Italy

L'Italia deve considerare l'internazionalizzazione delle imprese non solo come risposta alla globalizzazione e ai contraccolpi da essa prodotti, ma come una soluzione alla crisi e alla riduzione del debito pubblico, oltre che alla saturazione del mercato interno e alla competizione presente nei mercati.

Il crollo del Pil e del livello dei consumi domestici rende necessaria una riformulazione delle strategie di internazionalizzazione da seguire, anche valutando una selezione dei mercati su cui operare e le modalità di ingresso nei nuovi mercati, più idonee alle proprie esigenze e caratteristiche.

A questo proposito è importante la scelta del paese "obiettivo" e della sua situazione economica e fiscale, e va rivolta particolare attenzione a quelle nazioni che fino a poco tempo fa erano viste come marginali nel panorama economico globale ma che ora sono diventate i territori più attraenti per insediare le proprie attività e i propri prodotti.

Le strategie alla base di un processo di internazionalizzazione sono molteplici.

L'internazionalizzazione dei mercati e delle filiere produttive riguarda l'acquisizione di nuovi clienti per potenziare la domanda, il contrasto e superamento della concorrenza in termini di competitività e ricerca di nuove strategie commerciali, finanziarie e produttive, devono essere alla base del processo di internazionalizzazione delle imprese, avendo l'obiettivo di ampliare le proprie quote di mercato verso nuovi orizzonti, superando semmai quello attuale, saturo, maturo o in declino.

Sotto l'aspetto finanziario l'impresa può essere interessata a internazionalizzare la propria attività per usufruire dei vantaggiosi finanziamenti che diventano determinanti per la scelta e l'utilizzo di nuove tecnologie, per la formazione delle risorse umane, e delle competenze e professionalità occorrenti.

Pertanto, l'internazionalizzazione permette alle aziende di accedere simultaneamente a diverse fonti di approvvigionamento, per favorire lo sviluppo, la ricerca, la produzione e la vendita con lo scopo quindi di riuscire a svilupparsi lungo i quattro elementi fondamentali che caratterizzano l'asse strategico dell'impresa:

- quello geografico, con il bacino di mercato in cui si vuole operare;

- quello dell'offerta produttiva attraverso la differenziazione e diversificazione dei prodotti;

- quello dei segmenti di mercato relativo alla concorrenza e alle quote di mercato;

- quello delle tecnologie impiegate in merito a sviluppo e innovazione.

Il superamento dei confini nazionali fa sorgere alcuni problemi riconducibili a:

- l'ostacolo generato dai confini e dalle dogane,

- la discontinuità normativa e giurisdizionale;

- l'ostacolo delle barriere linguistiche;

- la discontinuità del contesto economico sociale e culturale.

Nella realizzazione del processo di internazionalizzazione si possono incontrare anche altri fattori di discontinuità, che amplificano il senso di complessità e che riflettono altrettante strategie di gestione:

- **l'orientamento ai volumi di vendita** distingue le strategie volte ad ampliare il proprio mercato per conseguire economie di scala, per compensare la saturazione del mercato interno o per entrare in nuovi mercati in crescita, avviando importanti iniziative commerciali. Esse vengono realizzate tramite investimenti diretti che consentono una migliore integrazione nei paesi target, soprattutto in seguito all'internazionalizzazione delle attività di marketing e di distribuzione.

- **orientamento all'efficienza**, l'internazionalizzazione in questo caso è finalizzata ad usufruire di una riduzione dei costi di produzione e di approvvigionamento delle attività a monte della catena del valore, mediante la loro delocalizzazione nei paesi emergenti e più convenienti dal punto di vista del rapporto qualità/prezzo;

- **orientamento alla differenziazione**, che mira ad ampliare geograficamente e a potenziare la nicchia di mercato servita, collegandosi a strategie di focalizzazione in segmenti medio-alti, con prodotti fortemente differenziati grazie all'utilizzo di risorse ad hoc, a conoscenze specifiche o nuovi materiali per la lavorazione. Tutto questo si concretizza con canali distributivi internazionali e adeguati investimenti in brand e comunicazione, che devono valorizzare tutte le specificità e peculiarità culturali e ambientali verso nuovi segmenti di domanda;

- **orientamento all'innovazione**, mira prevalentemente all'acquisizione di know-how, allo sviluppo di competenze evolute alla maggiore integrazione progettuale e operativa con i clienti che operano su scala internazionale. Le competenze qui richieste sono quelle di ricerca e sviluppo, necessarie per gestire l'innovazione prodotta mediante le relazioni con i clienti oltre i confini nazionali.

- **orientamento al vantaggio competitivo**, che riunisce tutti gli altri, determinando lo sviluppo di opportunità di arbitraggio derivanti dalla diversa condizione economica, competitiva e di mercato delle varie aree geografiche, e fornisce all'impresa determinate leve rilevanti nel confronto concorrenziale con gli operatori locali e con quelli internazionali. L'acquisizione del vantaggio competitivo deriva, perciò, dalla capacità dell'impresa di trovare un equilibrio tra l'azione locale, per sfruttare tutte le opportunità offerte dal territorio, e l'azione globale, per realizzare una strategia integrata e sufficientemente unitaria a livello internazionale.

5.5 Le modalità di inserimento nei mercati esteri

Oggi i manager e gli imprenditori possono usufruire di molteplici strumenti a disposizione per riuscire a penetrare nei mercati esteri individuati. Pertanto, quando si parla di strategia di presenza sui mercati di sbocco non si fa riferimento solo ed unicamente ad un livello di vendita, ma anche al trasferimento di risorse e competenze per costruire una posizione competitivamente importante nel paese obiettivo.

Nella fase di formulazione della strategia ci si concentra su diversi aspetti rilevanti che riguardano le finalità dell'impresa, attraverso:

- la scelta di quanto investire e l'individuazione delle risorse economiche ed umane disponibili nell'organizzazione;

- la scelta di come usufruire delle forze che spingono ad internazionalizzarsi;

- la scelta sul tipo di controllo strategico da attuare, che può essere diretto, coordinando personalmente le attività, lo sviluppo e la risoluzione di controversie, oppure indiretto, affidando integralmente la gestione a terzi, magari più specializzati e preparati nel settore, ma rinunciando ad un ruolo decisionale;

- la valutazione del grado di flessibilità di investimento che si vuole sostenere, cioè la capacità di adattare velocemente le proprie scelte per tenere conto dell'apprendimento conseguito.

Nell'avvio dei processi di internalizzazione è fondamentale il focus rivolto all'analisi e alla selezione dei sistemi più efficienti per l'insediamento nei nuovi mercati geografici. Le diverse modalità possono essere riassunte in tre macrocategorie:

Le esportazioni. Rappresentano la modalità più semplice e diffusa, riguardano il trasferimento di beni e servizi attraverso i confini nazionali, utilizzando metodi diretti e indiretti, richiedendo poche risorse e riuscendo a contenere i rischi e pericoli che l'impresa può incontrare lungo tutto il processo.

Con le **esportazioni indirette** si ricorre ad intermediari, come trading companies internazionali, imprese di export nazionali, imprese locali che conoscono bene quel mercato in quanto operatori locali, oppure soggetti che lavorano nel mercato estero da molto tempo e si sono specializzati per l'attività di esportazione per conto di terzi.

Le imprese che seguono questa modalità sono prevalentemente di piccole-medie dimensioni o aziende all'inizio del loro processo di internazionalizzazione, e che non hanno sufficienti risorse per seguire in maniera priva di rischi e di forti ricadute questo tipo di strategia. Per loro il principale vantaggio è quello di espandersi e cogliere nuove opportunità senza doversi appesantire di grossi investimenti o decisioni organizzative che rischierebbero di soffocarle sul nascere.

Perciò, se da un lato queste imprese sono alleggerite dal senso di responsabilità e nell'aspetto decisionale, dall'altro vanno incontro a dei limiti, per via della scarsa possibilità di maturare competenze significative sul mercato estero e sulle dinamiche evolutive. Così facendo si subisce una riduzione del margine economico e del potere negoziale del produttore, che ha un controllo limitato o addirittura nullo sul mercato estero, portando cosi l'intermediario ad avere maggiore rilevanza decisionale su scelte come il posizionamento finale del prodotto o su come utilizzare le altre leve del marketing mix. Le esportazioni indirette possono essere classificate attraverso la tipologia dell'intermediario che prende parte al processo.

Il buyer rappresenta un certo numero di imprese estere interessate ad avere un contratto diretto e continuo con potenziali fornitori operanti nella stessa area geografica. Le grandi catene di distribuzione, i franchisor commerciali, sono i tipici soggetti economici che utilizzano i buyer per i loro acquisti internazionali: identificare l'offerta più conveniente per soddisfare un'esigenza congiunturale e identificare prodotti e marchi da inserire nel proprio portafoglio, per migliorare la differenziazione dell'offerta complessiva e la soddisfazione di diversi segmenti di mercato. Il buyer nella sua attività di intermediazione costituisce un veicolo potenzialmente molto efficace, in virtù del fatto che ha relazioni molto stabili con gli acquirenti internazionali che rappresenta.

Il broker è un soggetto che svolge la funzione principale di collegare il produttore con il potenziale acquirente estero e fornire un eventuale supporto consulenziale per fornire le transazioni tra i paesi. Opera sia dal lato delle esportazioni sia dal lato delle importazioni, svolgendo comunque un'azione di selezione delle domande e offerte migliori e di creazione e accompagnamento della relazione tra fornitore e cliente.

L'Export Management Company è un'impresa commerciale che opera nei mercati internazionali come unità di vendita per un certo numero di produttori operanti a diversi livelli di una stessa filiera. Opera all'estero per conto di ogni produttore che rappresenta, svolgendo diverse attività di ricerca e analisi delle opportunità dei mercati esteri, e tutte le attività di consulenza al trasferimento delle produzioni all'estero, comprese la realizzazione di campagne di comunicazione e promozione.

Le trading companies sono società specializzate nel commercio internazionale di produzioni realizzate da terzi e sono normalmente caratterizzate da un elevato grado di diversificazione per quanto riguarda sia le tipologie di prodotti trattati, sia i paesi in cui esse operano e le funzioni svolte.

I consorzi per l'esportazione sono molto diffusi come metodo di internazionalizzazione delle piccole e medie imprese, e hanno la fondamentale funzione di aggregare un adeguato numero di operatori in maniera tale da raggiungere quella dimensione critica necessaria per rendere convenienti ed economicamente sostenibili le operazioni richieste per vendere con successo nei mercati esteri. Le imprese appartenenti ad un consorzio affidano a tale struttura determinate attività, beneficiando delle economie connesse al maggior livello dimensionale in ambito consortile.

Nelle **esportazioni dirette** la situazione è completamente diversa. Infatti, l'impresa mantiene all'estero una propria struttura commerciale e gli intermediari operano per conto e in nome dell'impresa stessa, non assumendo i rischi connessi all'esportazione ma consentendo solo di accedere alle informazioni dei diversi mercati obiettivo.

Questa modalità offre diversi vantaggi, quali il controllo parziale o totale del prezzo del prodotto da vendere, un controllo sulla distribuzione del prodotto, una migliore protezione dei marchi e degli altri elementi tangibili, e, soprattutto, la costituzione di una forte relazione con il mercato di sbocco scelto, che permette di creare una relazione stabile e durevole con i propri clienti, conoscere i bisogni dei propri consumatori ed anticipare le loro esigenze.

Necessita di un'unità organizzativa dedicata alle operazioni all'interno dell'impresa e di risorse e competenze gestionali considerevoli, che rendono l'intero processo più difficile e complicato.

L'esportazione diretta può essere svolta facendo ricorso all'agente distributore, che svolge transazioni di vendita, gestisce flussi fisici e lo stoccaggio dei prodotti, e fornisce i servizi aggiuntivi necessari per consegnare il prodotto al cliente finale, anche attraverso la filiale sussidiaria estera.

È evidente che il processo di internazionalizzazione richiede ingenti investimenti in termini di impegno e risorse, sia umane che economiche, ma rappresenta un'opportunità straordinaria di crescita, che risulta necessaria per lo sviluppo del Made in Italy.

In questo contesto, caratterizzato da estrema difficoltà economica, anche per gli effetti della pandemia, assume un'importanza straordinaria il Progetto "Rialzati Italia-MIIDE", che grazie alla tecnologia digitale, attraverso una rete di collaboratori qualificati e conoscitori delle specificità territoriali, consentirà alle imprese Made in Italy di avviare il loro processo di internalizzazione in modo semplice e quasi gratuito, attraverso l'adesione ad una piattaforma digitale.

Il Progetto "Rialzati Italia" rappresenta una straordinaria occasione per commercializzare le eccellenze del Made in Italy, sottrarre le imprese dalle politiche commerciali della GDO che impongono i prezzi al ribasso a discapito della valorizzazione della qualità delle materie prime, della forza lavoro e dell'intera filiera; nonché sottrarre i consumatori dall'acquisto dei prodotti contraffatti a discapito della qualità, della salute e sicurezza alimentare.

Con questa grande opportunità, le tante eccellenze del prestigioso marchio Made in Italy potranno raggiungere mercati sconfinati e occupare tutti i potenziali spazi, anche quelli attualmente occupati dalle produzioni oggetto di agropirateria.

CAPITOLO 5: ESTRATTO IN PILLOLE

- PILLOLA n. 1. L'internazionalizzazione delle imprese rappresenta l'asse strategico di promozione del Made in Italy nel mondo, per sfruttare tutte le potenzialità del mercato e assicurare il benessere del consumatore attraverso la qualità e la sicurezza delle produzioni agroalimentari, nonché diffondere e consolidare la cultura del buon mangiare.

- PILLOLA n. 2. Le imprese devono strutturarsi secondo un modello competitivo e performante, attraverso una serie di caratteristiche positive, come la cultura organizzativa, l'esercizio della leadership, un adeguato livello di responsabilità del management, la responsabilità sociale d'impresa e la sostenibilità, fino a raggiungere la qualità totale.

- PILLOLA n. 3. Oltre ad un asset interno, l'azienda positiva dovrà costruire una serie di relazioni e strategie esterne funzionali ad affrontare il mercato, come incentivare l'offerta delle filiere di produzione e l'offerta delle produzioni certificate, individuare strategie di comunicazione collettiva e politiche commerciali mirate alla valorizzazione delle produzioni, incentivando il rapporto con i consumatori e rafforzando le strategie concorrenziali a livello internazionale, nonché tutte le forme di aggregazione tra imprese esportatrici per costruire massa critica.

- PILLOLA n. 4. L'internazionalizzazione delle imprese è un processo necessario per ampliare i mercati, attraverso lo sviluppo delle imprese, e, talvolta, indispensabile per la sopravvivenza delle stesse. È un processo complesso e oneroso, richiede tempo e ingenti investimenti in termini organizzativi ed economici, motivo per cui, sinora, è stata un'opportunità riservata alle imprese strutturate.

- PILLOLA n. 5. Assume un'importanza straordinaria il Progetto "Rialzati Italia-MIIDE" che consentirà alle imprese, sostenendole e accompagnandole, di avviare il processo di internazionalizzazione attraverso l'inserimento ad una piattaforma digitale di promozione e commercializzazione delle eccellenze del Made in Italy in tutto il mondo.

Conclusione

Siamo arrivati alla fine di questo percorso e ci tengo a esprimere un vivo ringraziamento per la tua attenzione e per essere arrivato fin qua.

Siamo partiti dalla constatazione del grande valore del Made in Italy, in particolare quello alimentare, riconosciuto e apprezzato in tutto il mondo per le sue caratteristiche di eccellenza, messo, però, pesantemente, in difficoltà da alcune criticità, come il diffuso e dannoso fenomeno delle agropiraterie e la concorrenza sleale.

Purtroppo, di fronte ad una normativa europea non pienamente stringente, il Made in Italy continua ad essere pesantemente penalizzato, dato che il valore delle contraffazioni e imitazioni raddoppia l'entità delle produzioni originali con marchio Made in Italy. Ciò rappresenta un pericolo per tante nostre produzioni che nel tempo andrebbero a scomparire perché non sostenibili, ma, che, presenta già pesanti danni per le imprese che operano con etica e responsabilità, nonché per l'intero sistema economico in termini di ricchezza prodotta e occupazione, creando pesanti distorsioni nel mercato.

Tutto questo crea, anche, notevoli danni al consumatore che per via delle asimmetrie informative, preda delle strategie commerciali, spesso acquista inconsapevolmente prodotti contraffatti o di scarsa qualità, subendo una perdita netta di benessere nel momento in cui non acquista i prodotti con le caratteristiche percepite e desiderate: falso Made in Italy rispetto al vero Made in Italy, prodotto imitato rispetto al prodotto autentico.

A questo si aggiunge la concorrenza spesso sleale delle politiche commerciali della GDO che scaricano a cascata i costi delle promozioni e del sottocosto.

Si intrecciano in questo modo gli interessi dell'economia nazionale che mira ad aumentare i profitti e gli interessi del consumatore, che deve soddisfare il bisogno di salubrità e sicurezza alimentare attraverso il cibo di qualità, che deve essere considerato un bene pubblico e un suo diritto.

Il problema si sposta sul ruolo delle istituzioni che deve certamente essere rafforzato, così come devono essere rafforzati i controlli e le sanzioni.

L'Italia deve proseguire con determinazione un'azione già avviata da tempo, per rendere obbligatorie le informazioni relative al Paese di origine anche sulle etichette dei prodotti agroalimentari, che ora lasciano spazi di interpretazione in Europa. La tutela risulta inefficace in paesi extraeuropei dove vige una normativa differente.

Perciò è necessario proseguire l'azione politica a livello di WTO per giungere al riconoscimento e alla tutela delle indicazioni geografiche a livello globale, e allineare tutti i paesi europei ed extraeuropei ad un sistema di tutela incisivo e reale per combattere il fenomeno.

Abbiamo anche analizzato il ruolo delle imprese, individuando la costruzione di modelli imprenditoriali etici e responsabili, come asse portante di un cambiamento radicale rispetto alle attuali politiche di concorrenza. Quando il criterio del "minor costo a tutti i costi" diventa l'unico criterio di valutazione, non solo si arriva a produrre e vendere prodotti di bassa qualità, ma spesso anche prodotti insicuri, insalubri, o addirittura dannosi per l'ambiente e per la persona.

Questa consapevolezza deve essere continuamente rafforzata nei consumatori, prima di tutto a tutela della loro stessa salute, e anche a tutela dei produttori onesti, che devono essere valorizzati e sostenuti.

È sempre più evidente la centralità dei temi legati al cibo e all'alimentazione negli interessi di fasce eterogenee della popolazione e nella formazione di nuove tendenze culturali e nei comportamenti di consumo.

L'agricoltura riveste un ruolo fondamentale e strategico, sempre crescente – ancor di più nella considerazione delle filiere Made in Italy – e spesso inespresso.
Infatti, finora, nel dibattito politico, occuparsi di alimentazione, ambiente, territorio, agricoltura, condizioni di lavoro e legalità, sembra in molti casi un impegno accessorio, piuttosto che dovuto, al fine di tutelare uno dei più grandi tesori del nostro Paese, fonte

di grande ricchezza per la produzione e per l'occupazione prodotta.

Un patrimonio di straordinaria importanza che si riverbera sul territorio, sul turismo, sulla salute, sull'ecologia e sull'economia in generale. Tutti ambiti connessi più o meno direttamente con cibo e agricoltura, con la salute e la sicurezza alimentare dei consumatori e della collettività, dove la sostenibilità ha un ruolo primario.

Più specificatamente possiamo sottolineare che la sostenibilità in tutte le sue declinazioni può essere la chiave di volta per un cambiamento concreto ed efficace idoneo a garantire un maggiore equilibrio ambientale, economico, sociale e produttivo.

Per questa ragione, una politica sul tema deve essere interdisciplinare. Sinora ministeri diversi sono intervenuti su aspetti parziali del tema, ognuno per il proprio pezzo, prendendo talvolta decisioni inconciliabili tra loro e non arrivando mai a costruire politiche strutturali che affrontino e valorizzino equamente la filiera agricola, attribuendole il giusto valore.

Allora forse è giunto il momento di "rovesciare il piatto" e costruire una nuova strategia, un insight, per modificare lo stato dell'arte, richiedendo maggiore attenzione da parte di tutti, istituzioni, imprese e consumatori, e acquisendo una nuova consapevolezza relativa all'importanza del cibo di qualità e del buon mangiare.

E' fondamentale attribuire un valore assoluto al superamento della illegalità e allo sfruttamento del lavoro, primo anello della filiera agroalimentare, che non danneggia solo i lavoratori ma anche le aziende etiche. Per questa ragione è necessario e urgente la concretizzazione delle reti di lavoro di qualità previste dalla Legge 199/2016

Benché, il consumatore italiano appaia più attento rispetto agli altri paesi, emerge la necessità di individuare possibili linee di intervento pubblico a tutela del consumatore e di campagne di comunicazione e promozione del Made in Italy.

Sarebbe pure auspicabile una maggiore convinzione, pur con i limiti insiti nella legislazione europea, da parte del Governo italiano sulla tutela e difesa delle produzioni, che si fregiano della competenza e del valore delle produzioni di qualità e "fatte bene".

Questo per migliorare la comprensione, da parte dei consumatori finali, delle implicazioni, anche sulla salute, delle scelte di acquisto che essi realizzano quando si rivolgono a prodotti contraffatti, che comportano un forte aumento dei rischi in termini di sicurezza sanitaria degli alimenti.

Per questo motivo sono numerosissimi i casi di sequestri di prodotti sofisticati e anche insicuri, in quanto ottenuti con tecnologie non corrette o pericolose, come l'impiego di ormoni della crescita in zootecnia OGM, o come l'aggiunta di additivi o l'uso di materie prime di scarsissima qualità.

In questo senso, è necessario intensificare e rendere il sistema dei controlli più efficace, efficiente e coordinato possibile, che già vede impegnati tra gli altri, Guardia di Finanza, Ispettorato Controllo Qualità del Mipaaf, Corpo Forestale dello Stato, Nucleo Anti Contraffazioni (N.A.C.) e Nucleo Anti Sofisticazioni (N.A.S.).

Ma se vogliamo davvero "rovesciare il piatto", il consumAttore deve acquisire una maggiore consapevolezza in quanto attore del mercato, perché è dalle sue scelte e dai prodotti che acquista e consuma che dipende il mercato e la produzione: per tutelare la sua salute e il suo benessere deve compiere scelte consapevoli e oculate, acquistando prodotti Made in Italy, controllando il Marchio e verificando la produzione in Italia, analizzando le etichette e possibilmente la composizione degli alimenti.

Questi semplici gesti quotidiani possono produrre nel tempo la diffusione di una vera e propria cultura alimentare, da trasmettere anche ai più piccoli, a partire dalla scuola primaria. Ciò è di straordinaria importanza per la tutela e la salute del consumatore, nell'ottica della prevenzione, ma anche a vantaggio del sistema economico, attraverso la valorizzazione delle imprese etiche che producono l'eccellenza del Made in Italy, per cui siamo orgogliosamente riconosciuti nel mondo.

Al contempo, le aziende rivestono un ruolo importantissimo: devono rafforzare la loro competitività basata sulla qualità e devono consolidare la loro capacità di internazionalizzazione, per portare nel mondo l'eccellenza del Made in Italy e diffonderla al punto tale da coprire tutti gli spazi di mercato, compresi quelli oggi occupati dai prodotti contraffatti, affinché il vero Made in Italy sia davvero riconosciuto e apprezzato nel mondo.

Avviare un processo di internalizzazione richiede la valutazione dei fattori differenziali tra i vari paesi, il possesso delle adeguate certificazioni, la conoscenza della cultura, delle aspettative e dei bisogni delle persone che costruiscono la domanda, la costruzione di modelli e strategie di ingresso nei paesi, oltre che modelli e strategie di produzione e commercializzazione delle produzioni. Ciò comporta ingenti investimenti economici ed organizzativi a lungo termine prima di vedere risultati.

Per questi motivi il processo di internalizzazione del Made in Italy è rimasto sinora limitato a pochi protagonisti, che ne avevano la capacità organizzativa e finanziaria, mentre sarebbe fondamentale che questa capacità crescesse in modo esponenziale al fine di riattivare il sistema economico, unitamente alla domanda delle nostre produzioni e incrementando l'occupazione per una crescita reale del PIL.

Questo processo non può che partire da un sostegno reale e concreto alle produzioni e alle imprese etiche, attraverso il credito e servizi di assistenza e monitoraggio, mirati a superare la loro condizione di difficoltà spesso causata dalla mancata capacità economica e organizzativa, dovuta alle piccole dimensioni che caratterizzano le imprese in Italia, soprattutto al sud, dove la qualità, la tipicità e specificità delle produzioni costituisce, invece, un patrimonio inestimabile.

Il Progetto Rialzati Italia-MIIDE rappresenta una grande opportunità, che consentirà alle imprese agroalimentari Made in Italy di avviare il loro processo di internalizzazione in modo semplice e quasi gratuito, sottraendole alle politiche commerciali della GDO e sottraendo i consumatori dall'acquisto di prodotti che, se pur a prezzo concorrenziale, vanno a discapito della qualità e della sicurezza alimentare.

Ciò rappresenta una straordinaria occasione per le imprese Made in Italy e per l'economia in generale, perché l'aumento della domanda derivante dalle potenzialità di un mercato infinito può costituire il rilancio di modelli economici concentrati sulla valorizzazione delle produzioni locali, attraverso la promozione di numerose specialità e specificità territoriali e attivando al contempo un aumento della domanda e della occupazione.

Facciamo rialzare l'Italia con il buon mangiare.

Nel ringraziarti per la tua attenzione e il tempo riservatomi, ti lascio i miei contatti social perché tu possa rivolgerti a me per qualsiasi informazione o considerazione. Aspetto, inoltre, con piacere, una tua recensione su Amazon.

ilbuonmangiare2021@gmail.com

https://www.facebook.com/ilbuonmangiare

Postfazione
(a cura di Alessandro Trombetta)

La lettura di questo libro mi ha fatto vivere delle bellissime emozioni, forti preoccupazioni, grandi speranze e tante certezze.

Mangiamo per nutrirci e per soddisfare un bisogno fisiologico, spesso lo facciamo come un fatto routinario, mangiamo senza prestare attenzione a ciò che ci viene servito o a quello che acquistiamo. Invece mangiare è tutt'altro: è assaporare ed esplorare, è sentire i profumi della nostra splendida terra, godere dei sapori, rivivere i saperi della nostra cultura e della nostra identità, immergendoci in un mondo di grande bellezza. Il buon mangiare significa anche benessere, spensieratezza, passione, socializzazione, amore: tutte emozioni che la lettura di questo libro mi ha fatto vivere.

L'autrice del libro, dopo questa ubriacatura di emozioni, con la sua spietata analisi, mi ha introdotto in un mondo in cui dietro la produzione del cibo e le politiche concorrenziali può nascondersi la spregiudicatezza della criminalità organizzata, la contraffazione, lo sfruttamento degli esseri umani, fenomeni che per realizzare profitti mettono a repentaglio la qualità del cibo e la sicurezza alimentare.

Tutto ciò mi ha permesso di prendere consapevolezza di quanto non siamo realmente liberi nelle scelte che compiamo e nell'approccio al cibo.

Questi sentimenti contrapposti mi hanno convinto a prestare la massima attenzione alla parte del libro in cui si narra di un bisogno, e perché no anche di una necessità, di lottare assieme a coloro, e sono tanti, che si battono affinché attorno al cibo si crei una coscienza collettiva e diffusa in grado non solo di rendere il consumatore più consapevole ma anche di chiedere alle istituzioni una legislazione sempre più attenta e rigorosa sulla provenienza e la certificazione sanitaria nutrizionale.

Il libro evidenzia la necessità che le Istituzioni, le imprese, la grande distribuzione possano e debbano insieme contribuire con un unico obiettivo affinché il cibo sia buono e bello, le imprese siano sempre più etiche, i lavoratori non più sfruttati e malpagati e il consumatore sia appagato con una alimentazione sana e sicura che riempie la sua vita di benessere: questi valori rappresentano l'emblema del prestigioso Made in Italy e per questo devono essere diffusi e apprezzati nel mondo.

Anna Rita ha tracciato con maestria, competenza e passione un percorso utile alla scoperta del Buon Mangiare, buon viaggio!

Alessandro Trombetta

Coordinatore Nazionale Progetto Rialzati Italia – Miide, Manager Senior Camere di Commercio all'estero, Consulente Consorzio Italia nel Mondo

SITOGRAFIA

www.mipaaf.it

www.ismea.it;

www.flai.it;

www.fondazionemetes.it;

www.campagnamica.it;

www.agriregioneeuropa.univpm.it;

www.agraria.org;

www.madeintalya.it;

www.dop-igp.eu;

www.prodottitipiciitaliani.info;

www.rivistadiagraria.org;

www.foodaffairs.it,

www.istat.it;

www.agroalimentarenews.it;

www.exportplanning.it;

www.beverfood.com;

www.ingramcontent.com/pod-product-compliance
Lightning Source LLC
LaVergne TN
LVHW011011200726
843509LV00011B/1059